国会财税智库丛书

建筑业营改增制度设计与评价

李旭红　主编

中国财经出版传媒集团
中国财政经济出版社

图书在版编目（CIP）数据

建筑业营改增制度设计与评价 / 李旭红主编 . --北京：中国财政经济出版社，2021.1
（国会财税智库丛书）
ISBN 978-7-5223-0146-4

Ⅰ.①建… Ⅱ.①李… Ⅲ.①建筑企业-增值税-税收管理-研究-中国 Ⅳ.①F812.423

中国版本图书馆 CIP 数据核字（2020）第 217213 号

责任编辑：谷兴华　　　　　　责任校对：张　凡
封面设计：思梵星尚　　　　　责任印制：党　辉

中国财政经济出版社 出版

URL：http://www.cfeph.cn
E-mail：cfeph@cfeph.cn

（版权所有　翻印必究）

社址：北京市海淀区阜成路甲 28 号　邮政编码：100142
营销中心电话：010-88191522
天猫网店：中国财政经济出版社旗舰店
网址：https://zgczjjcbs.tmall.com
北京财经印刷厂印刷　各地新华书店经销
成品尺寸：170mm×240mm　16 开　9.75 印张　140 000 字
2021 年 1 月第 1 版　2021 年 1 月北京第 1 次印刷
定价：45.00 元
ISBN 978-7-5223-0146-4
（图书出现印装问题，本社负责调换，电话：010-88190548）
本社质量投诉电话：010-88190744
打击盗版举报热线：010-88191661　QQ：2242791300

编委会

主　编：李旭红

编　委：杨　武　　吴雨玲　　张　蕊　　文　韬　　郝振亨
　　　　郑　贞　　张泽阳　　吴斯俣　　晋凤英　　李　哲
　　　　陈晶晶　　许佳仪　　贾　奖　　杨晓冬　　夏娟娟
　　　　方　超　　何　瑞　　田芸芸　　沈白翎　　白雪苑
　　　　郭紫薇　　王　静　　许思远　　魏舒羽　　韩佩玲

财政是国家治理的基础和重要支柱。党的十九大报告指出:"加快建立现代财政制度,建立权责清晰、财力协调、区域均衡的中央和地方财政关系。建立全面规范透明、标准科学、约束有力的预算制度,全面实施绩效管理。深化税收制度改革,健全地方税体系。"因此,加快建立现代财政制度和税收制度已成为迫切的重要任务。

自党的十八大以来,我国积极推进各项税制改革工作,如全面推行营改增试点、完善消费税制度、资源税全面改革、环境保护税立法、房产税改革、个人所得税改革等。在税制改革进入深水区的过程中,遇到了许多新现象、新问题。要想解决这些,需要借鉴国际先进经验以及进行更加广泛的调查研究与探索,因此,我国的财税智库建设工作具有积极的现实意义。

北京国家会计学院是20世纪末在时任国务院总理朱镕基同志的倡导和推动下设立的,作为国家宏观经济及财政、税收等部门的高级人才培养基地,一直承担着重要的宏观经济部门的决策支持工作。在此背景下,我院积极开展财税智库的建设工作。自

2012年以来,先后完成了财政部《OECD消费课税趋势分析》《2016年全国重点税源调查》,国家税务总局《建筑业营改增制度设计与评价》《营改增宏观效应分析》等多项课题的研究工作,并参与了财政部、国家税务总局关于环境保护税、资源税、房产税、关税、印花税等多项重要税制改革的研究。同时,在财政部相关部门的支持下,我院于2016年建设成立了大数据税收实验室,服务于宏观决策部门的税收数据整理、分析及决策工作。

《国会财税智库丛书》是我院对近年来在财税智库建设方面的一次全面工作总结,首批丛书由八本构成,包括环境保护税的研究、中小企业的税收研究、建筑业的营改增制度设计、临空经济税收研究、养老保障体系第三支柱的税收问题研究及"一带一路"的税收研究等多个方面。借助这套《国会财税智库丛书》,一方面希望可以为政府部门、学界、实务界的读者提供更好的借鉴,另一方面也希望社会各界的专家多提宝贵意见,帮助我院的财税智库工作提质升级,更好地服务于国家的财税制度改革工作!

全国政协委员、北京国家会计学院院长
秦荣生
2020年9月

前言

2016年5月1日我国在建筑业、房地产业、金融业和生活服务业（以下简称"四大行业"）全面实施营改增，标志着我国正式告别营业税时代，迎来全新的增值税时代。在此次营改增收官之战中，建筑业是营改增制度设计的重点。作为国民经济的支柱产业，建筑行业拥有8万家有资质企业，每年完成50万亿元投资，吸纳5000万人就业，产值规模18万亿元，利润近7000亿元，在国家经济建设、社会发展、拉动国民经济迅速增长等方面发挥着重要作用。

同时，基于其企业规模大、业务模式复杂、经营跨区域等行业特点，建筑业更是营改增制度设计的难点。随着"一带一路"倡议的深化，我国建筑业企业需要进一步与国际接轨。如何提升建筑业企业的竞争力，如何在营改增过渡时期稳固行业地位，如何在与国外建筑业企业的竞争中脱颖而出开拓国际市场，是国内建筑业共同关注的焦点。因此，对建筑业增值税制度进行设计与评价是目前亟须解决的现实问题，需要从更深层次研究建筑行业的税收关系，探究完善建筑业相关税收政策的合理路径。

为了了解营改增政策对建筑业企业各方面造成的影响，对营改增制度设计做出客观评价，本书结合以往的中外文献，在定性分析的基础上，通过建立建筑业营改增对企业竞争力、技术进步、投资、就业和盈利能力影响的回归模型，分析建筑业营改增的制度设计框架，以探究其对企业竞争力、技术进步、投资、就业及盈利能力的深层次影响，为我国建筑业营改增制度设计和政策优化提供建议。

通过研究，本书有以下几点发现：建筑业营改增可以在企业规模、效率和成长性三方面有效提升企业竞争力，不仅对企业的当期竞争力有影响，对企业的后期竞争力也有显著影响；较低的流转税负对促进技术进步和企业成长具有积极作用，营改增的减税效应有利于促进建筑业企业技术进步；在建筑业特殊的资产投资结构下，较高的流转税负并不会显著阻碍企业的固定资产投资，反而会在一定程度上促进企业的总投资行为；流转税负主要通过微观税负影响吸纳就业和改善就业结构的效果，但是微观税负的调整和优化还有待流转税制的进一步完善；营改增打通了增值税抵扣链条，企业的税收负担率降低，有利于企业自身盈利能力的提高。

基于研究结果，本书分别从建筑业企业和政府部门两个角度对建筑业营改增政策提出相关建议，以期政府部门携同建筑业企业共同努力，确保企业在营改增中受益更多，实现中国建筑业"走出去"的战略。

特此感谢我院的战略合作伙伴中国财经出版传媒集团中国财政经济出版社的大力支持！

目 录

第1章 导论 …………………………………………… (1)
　1.1 研究背景和意义 …………………………………… (1)
　　1.1.1 研究背景 …………………………………… (1)
　　1.1.2 研究意义 …………………………………… (2)
　1.2 研究方法与研究框架 ……………………………… (4)
　　1.2.1 研究方法 …………………………………… (4)
　　1.2.2 研究框架 …………………………………… (5)
　1.3 本研究中相关概念的界定 ………………………… (5)
　　1.3.1 营业税 ……………………………………… (5)
　　1.3.2 增值税 ……………………………………… (6)
　　1.3.3 营改增 ……………………………………… (7)
　　1.3.4 企业竞争力 ………………………………… (9)
　　1.3.5 供给侧结构性改革与技术进步 …………… (10)
　　1.3.6 企业投资 …………………………………… (10)
　　1.3.7 就业 ………………………………………… (10)

第2章 建筑业营改增对企业竞争力的影响 ………… (12)
　2.1 文献综述及相关理论 ……………………………… (12)
　　2.1.1 国外相关文献 ……………………………… (12)

2.1.2　国内相关文献……………………………………（13）
　　　2.1.3　企业竞争力的概述…………………………………（14）
　　　2.1.4　企业竞争力的测评理论……………………………（15）
　2.2　建筑业营改增对企业竞争力影响的理论分析……………（17）
　　　2.2.1　我国建筑行业发展概况……………………………（17）
　　　2.2.2　我国建筑业企业竞争现状…………………………（20）
　　　2.2.3　建筑业营改增对企业竞争力的影响………………（21）
　2.3　建筑业营改增对企业竞争力影响的实证研究……………（25）
　　　2.3.1　研究假设的提出……………………………………（25）
　　　2.3.2　变量选择与模型构建………………………………（25）
　　　2.3.3　样本选择与数据来源………………………………（29）
　　　2.3.4　数据分析与模型检验………………………………（30）
　　　2.3.5　实证结果分析………………………………………（43）
　2.4　关于企业竞争力的研究结论………………………………（44）

第3章　建筑业营改增对企业技术进步的影响……………………（46）
　3.1　文献综述及相关理论………………………………………（46）
　　　3.1.1　企业技术进步的相关文献…………………………（46）
　　　3.1.2　营改增对建筑业技术进步影响的理论
　　　　　　分析……………………………………………………（49）
　3.2　对建筑业企业技术进步的评价与全要素生
　　　产率……………………………………………………………（52）
　　　3.2.1　对建筑业企业技术进步的评价……………………（52）
　　　3.2.2　全要素生产率………………………………………（57）
　3.3　对建筑业上市公司技术进步影响的实证研究……………（61）
　　　3.3.1　研究假设的提出……………………………………（61）
　　　3.3.2　研究样本的设计……………………………………（62）
　　　3.3.3　固定效应模型的构建………………………………（64）
　　　3.3.4　固定效应模型的实证分析…………………………（67）
　　　3.3.5　面板数据的多元回归………………………………（70）
　3.4　关于技术进步的研究结论…………………………………（72）

第4章 建筑业营改增对企业投资的影响 (75)

4.1 文献综述及相关理论 (75)
- 4.1.1 国外相关文献 (75)
- 4.1.2 国内相关文献 (76)

4.2 建筑业企业投资的理论研究 (79)
- 4.2.1 大型建筑业企业投资业务发展分析 (79)
- 4.2.2 营改增对建筑业企业投资影响的理论分析 (82)

4.3 营改增对建筑业上市公司投资影响的实证研究 (86)
- 4.3.1 研究假设 (86)
- 4.3.2 研究样本的设计 (87)
- 4.3.3 变量的选取 (89)
- 4.3.4 模型的设计 (92)
- 4.3.5 对固定资产投资影响的实证分析 (93)
- 4.3.6 对总投资影响的实证分析 (96)
- 4.3.7 对营改增前后两税总额变动的探讨 (100)

4.4 与投资有关的结论 (101)

第5章 建筑业营改增对企业就业的影响 (102)

5.1 文献综述及相关理论 (102)
- 5.1.1 建筑业行业就业结构 (102)
- 5.1.2 营改增对企业总体税负和行业就业产生的影响 (103)

5.2 我国建筑业实行营改增政策就业效应的实证研究 (105)
- 5.2.1 研究假设 (105)
- 5.2.2 模型的设计 (106)
- 5.2.3 数据来源说明 (109)
- 5.2.4 描述性统计 (111)
- 5.2.5 实证检验 (112)

　　　　5.2.6 实证结果分析 …………………………………… (116)

第6章　建筑业营改增对企业盈利能力的影响 ………… (117)
6.1 与企业盈利能力相关的研究 ………………………… (117)
6.1.1 企业盈利能力的评价体系 …………………… (117)
6.1.2 营改增对企业盈利能力的影响 ……………… (119)
6.2 研究理论分析 ………………………………………… (120)
6.2.1 理论分析 ……………………………………… (120)
6.2.2 营改增税负变动对企业盈利能力的
　　　　影响 …………………………………………… (120)
6.2.3 营改增抵扣效应对企业盈利能力的
　　　　影响 …………………………………………… (121)
6.3 变量选取与模型构建 ………………………………… (122)
6.3.1 研究假设 ……………………………………… (122)
6.3.2 样本选取 ……………………………………… (123)
6.3.3 变量选择 ……………………………………… (125)
6.4 模型建立 ……………………………………………… (127)
6.5 实证结果与分析 ……………………………………… (128)
6.5.1 描述性统计分析 ……………………………… (128)
6.5.2 相关性分析 …………………………………… (129)
6.5.3 回归分析 ……………………………………… (130)
6.6 研究结论 ……………………………………………… (132)

第7章　政策建议及研究的局限性 ……………………… (134)
7.1 政策建议 ……………………………………………… (134)
7.1.1 建筑业企业角度 ……………………………… (134)
7.1.2 政府部门角度 ………………………………… (136)
7.2 研究的局限性及展望 ………………………………… (137)

参考文献 …………………………………………………… (139)

第1章
导　　论

1.1　研究背景和意义

1.1.1　研究背景

1994年分税制改革以后,我国在很长一段时间实行增值税与营业税(以下简称两税)并行的流转税政策,制造业以增加值为税基缴纳增值税,服务业以销售额为税基缴纳营业税,由此导致了重复征税以及增值税抵扣链条断裂等一系列问题。实施营改增政策,扩大增值税的征税范围,对建立完整的增值税链条、消除重复征税、完善我国社会主义市场经济体制有重要意义。

我国的营改增税制改革采用渐进式改革路径。2012年1月1日,上海市首先开展营改增试点,试点行业为交通运输业和部分现代服务业(即"1+6")。随后,试点范围扩大至全国,试点行业逐步扩围到邮政业、电信业等其他服务业。2016年3月5日,李克强总理在《政府工作报告》中明确提出"全面实施营改增",并且明确自2016年5月1日起,试点行业扩大到建筑业、房地产业、金融业、生活服务业,将所有企业新增不动产所含增值税纳入抵扣范围,确保所有行业税负只减不增。这标志着营业税彻底退出历史舞台,我国进入普遍征收增值税的时期。

建筑业是我国的支柱型产业，对我国经济的发展具有重要作用。目前，我国建筑业处于上升阶段，具有良好的发展前景，在我国国家经济建设、社会发展、拉动国民经济迅速增长等方面都起着重要的作用。但是，目前建筑业还面临以下两方面挑战：一是建筑业是国民经济的重要物质生产部门，行业涉及面较广，其生产经营活动往往涉及多个部门，需要多工种协同完成，属于劳动密集型产业，而我国建筑行业人员整体素质不高，劳动效率和技术装备率偏低；二是随着经济全球化的不断发展，尤其是我国提出"一带一路"倡议之后，国内建筑业企业需进一步与国际接轨，而税种的趋同、税制的协调、境外建筑劳务国际重复计税等问题均需要在完善我国增值税制度的基础上解决。因此，面对不断变化的竞争环境，应关注如何提升建筑业企业的竞争力，如何在营改增过渡时期稳固国内行业地位，如何在与国外建筑业企业的竞争中脱颖而出，开拓国际市场，是国内建筑业企业共同关注的问题，建筑业营改增制度设计与评价是目前亟须解决的现实问题。

1.1.2 研究意义

营改增是完善增值税制度的必然要求，也是近年来学术界关注的热点。目前，有关营改增的研究主要集中在营改增的必要性和营改增对企业税负、财务绩效、收入分配、企业创新等方面的影响，尚缺乏对特定行业的营改增制度设计与评价的深度研究。本研究将立足于企业经营管理的核心要素，对营改增在建筑业的政策效应做出详细分析。具体来说，本研究将从企业竞争力、技术进步、投资、就业及盈利能力五个方面分析建筑业营改增政策体系及其对企业的深层次影响。

第一，有利于厘清营改增对建筑业企业竞争力的影响。建筑业企业竞争力是世界各国共同关注的焦点，研究建筑业营改增对企业竞争力的影响具有丰富的理论意义和现实意义，而且对增值税政策的顺利推行也具有指导意义。本研究希望通过分析建筑业营改增政策对企业各方面的影响，了解营改增是否能够促进企业健康发展以及是否能够提高建筑业企业竞争力。本研究将在已有研究的基础上，借助定性分析方法和定量分析方法，深入探究建筑业营改增对企业规模、效率、成长性等各方面的影响程度和作用机制，阐述营改增的必要性和有效性，并试图提出相应的政策建议，为增值税政策的顺利实施提供支持。

第二，有利于认识营改增对促进建筑业企业技术进步的作用机理。在我国如火如荼地进行供给侧结构性改革的大背景下，研究营改增对建筑业企业技术进步的影响意义重大。就现实意义而言，基于增值税价外税的特点，营改增在较长期间内对建筑业企业而言存在理论上的福利效应，然而如何使建筑业企业获得实实在在的改革红利，是亟待解决的问题。不同于以往直接针对特定对象的税收优惠，此次改革需要倒逼企业进行自我改革，真正建立起现代企业制度，实现财务规范才能享受改革的红利，这是本研究基于供给侧结构性改革背景研究建筑业营改增对技术进步影响的立足点。

第三，有利于把握营改增对建筑业企业投资行为的影响规律，进而影响社会资本的运作方式。营业税改征增值税的施行，一方面有利于促进建筑业企业更新机械设备装备，提高企业的生产能力，优化企业的资本资产结构，增强企业的市场竞争力；另一方面通过增加更加先进智能的设备及流水线，代替雇用作业人员，减少人工费用，增强了抵税效应。研究营改增对建筑业上市公司投资行为的影响，有利于明确营改增对建筑业企业固定资产投资、企业总投资的税负的影响，明确因改征增值税建筑业企业投资行为的变化，为改革相关方面的政策、规定以及处理改革过程中应该注意的事项献策、献力。

第四，有利于拓宽营改增对建筑业保障劳动力充分就业的评价方法。本研究还通过对建筑业进行税制改革的理论研究与实证分析，对营改增是否能够促进建筑业企业发展以及保障劳动力充分就业进行了研究。营改增在一定程度上促使企业加快生产设备的更新换代，推动资产结构优化，提升企业在行业中的生存能力。企业能够利用增值税抵扣制度引进新的机械设备等生产性固定资产，增加抵扣额度，从而降低税负。保障就业是经济发展和社会稳定的必要前提，然而高新技术设备的引进必然会减少作业人员，且增值税的人工费支出部分不可抵扣，也会进一步影响建筑施工劳务人员的就业。本研究将探讨建筑业营改增对就业的影响，通过实证分析得出相关结论，并根据实务中可能存在的问题提出建议。

第五,有利于发挥营改增对建筑业企业盈利能力的促进作用。企业在营改增中的受益最终体现为其盈利能力,盈利能力主要指企业通过经营活动等运作产生利润的能力,对于上市公司而言,也可以理解为企业投入资本的增值能力。一个企业的利润率越高,反映这个企业的盈利能力越强,同时还可以反映企业经营管理的绩效。本研究将分析营改增对建筑业企业盈利能力的影响,从而指导建筑业企业提高经营绩效。

1.2 研究方法与研究框架

1.2.1 研究方法

本研究主要采用理论与实证相结合的研究方法,分析建筑业营改增的制度设计框架,以及从企业竞争力、技术进步、投资、就业及盈利能力五个方面分析建筑业营改增对企业的深层次影响,从而做出相应的评价。主要研究方法如下:

(1) 文献研究法。本研究结合以往的中外文献对增值税、营改增、企业竞争力进行具体界定,采用文献研究的方法对相关理论进行分类、归纳。

(2) 实地调查法。通过参与建筑业营改增研讨会,了解建筑业企业经营模式、各建筑公司对营改增的态度和看法以及营改增过程中企业面临的问题,从而为本书的研究分析提供现实支持。

(3) 定性分析与定量分析相结合法。本研究在阅读大量文献资料的基础上,探索出研究建筑业营改增对企业竞争力的影响的切入点,随后展开一系列的定性分析研究。此外,本研究在定性分析的基础上,建立建筑业营改增对企业竞争力、技术进步、投资、就业和盈利能力的回归模型,从定量的角度进一步验证分析。

1.2.2 研究框架

本书的研究框架分为 7 章，各部分主要内容列示如下：

第 1 章为导论。主要介绍了本研究的研究背景及意义、研究内容与方法、研究框架，并对本研究涉及的相关概念进行了界定。

第 2 章至第 6 章，依次为建筑业营改增对企业竞争力、技术进步、投资、就业、盈利能力影响的分析，具体内容包括研究基础、理论分析、实证研究、研究结论。

第 7 章为政策建议。总结第 2 章至第 6 章的研究结论，结合我国国情和现行增值税制度，为建筑业企业和相关政府机构提供政策建议，同时指出本研究的局限性和进一步研究的方向。

1.3 本研究中相关概念的界定

1.3.1 营业税

（1）营业税的概念。在实施全面营改增之前，营业税是我国流转税的重要组成部分，征收范围主要包括在我国境内提供应税劳务、转让无形资产、销售不动产三方面。从事此类劳务的单位和个人都需以其获取的营业额为计税基础上缴营业税。尽管同是提供劳务，但营业税的税率根据提供劳务种类的不同，设置了从 3% 至 20% 不等的税率。税率差距大，并且区分缺少依据，存在不合理性。同时，营业税纳税人之间销售货物、提供劳务存在着严重的重复征税问题。由于其自身税率设置的不合理性和重复征税问题，我们认为营业税被增值税取代是必然的。

（2）营业税的特征。

①重复课税。根据税法规定，大多数情况下，营业税按照全额征

收,同时由于营业税属于流转税,每增加一次流转企业就应缴纳一次营业税,这会造成大量重复征税问题。生产作业流程和业务流转环节较多的企业承担了较重的税负。重复课税严重阻碍了企业的健康发展。

②差别税率。营业税征收范围较广,包括建筑业、金融业、娱乐业等多个行业,其中各个行业的发展状况各不相同,因此对于不同行业设置的税率也不相同。娱乐业税率比较高,为5%—20%,其他如建筑业、金融保险业等的税率均低于娱乐行业,为3%或5%。而现实生活中,各行各业随着服务水平的不断提升,其服务范围也逐渐扩展,使不同行业的业务相交融,难以对其所属行业有准确定位,从而难以确定其适用税率。

1.3.2 增值税

(1)增值税的概念。增值税是以商品和应税劳务在流转过程中产生的增值额作为计税依据而征收的一种流转税。增值税的征税对象是国内最终消费,征税范围主要包括在我国境内销售货物、提供加工修理修配劳务和进出口货物,对从事此类活动的单位和个人以其增值额为基础征税,基本消除了重复征税。但在实际生活中仍然存在各种问题,如增值额很难明确衡量,且规定的增值额往往与实际的增值额不同。

(2)增值税的特征。

①税收中性。增值税只对销售货物或提供劳务产生的附加值进行征税,尽管在商品流通的每个环节均征税,但各个环节均允许抵扣,理论上不存在重复征税问题。同时,增值税税率级次较少,行业间的税率差异相对较小。该特征是增值税得以持久稳定发展的关键所在,也是营业税改征增值税政策顺利推广的前提。

②税负可转嫁。增值税是一种流转税,这决定了增值税具备税负转嫁的可能性,而增值税采用价外税制度,进一步促进了税负转嫁的实现。增值税可以跟随商品的流通过程,逐步实现转移。

表1.1对增值税和营业税进行了比较。可以看出,增值税与营业税主要有以下不同:①计税原理不同。营业税为价内税,每增加一次流转企业就应缴纳一次营业税,存在重复征税;增值税为价外税,仅对各环

节的新增加值征税，基本消除了重复征税。②计税基础不同。营业税存在差额计税和全额计税两种，无抵扣制度；增值税的计税基础为不含税的销售额。③计税方法不同。营业税是按行业分类规定税率，不同行业适用不同税率；增值税并不以行业不同而设置差别税率，而是对一般纳税人和小规模纳税人实行不同征收办法，小规模纳税人采用简易征收方式，一般纳税人税率有基本税率和低税率之分。④征管特点不同。营业税的征管简单易行；增值税采取凭票抵扣的税收制度，以票控税，计征复杂、征管严格、法律责任重大。

表1.1　　　　　　　　　增值税与营业税比较

项目	营业税	增值税
计税原理	价内税，大多数以流转额为税基计算缴纳，存在重复征税	价外税，对商品生产、流通、劳务服务中多个环节新增加值征税，基本消除了重复征税
计税基础不同	存在全额计征及差额计征两种计税模式，但大多数情况为全额计税，即以营业额为基础计税	计税的销售额 = 含税销售额/（1 + 增值税税率）
计税方法	应纳税额 = 计税营业额 × 税率	一般纳税人：应纳税额 = 销项税额 − 进项税额 小规模纳税人：应纳税额 = 销售额 × 征收率
征管特点	简单、易行	计征复杂、征管严格、法律责任重大

1.3.3　营改增

营业税和增值税曾是我国两大主体税种，2011年，我国增值税和营业税合计征收约为3.8万亿元，占税收总额的40%以上。营改增是继我国增值税转型后又一次重大税制改革，对完善税制、促进经济发展等有重大意义。自2012年起，我国开始在上海市开展营改增的试点工作，并于同年在8个省份（含相应省内计划单列市）扩大了试点范围。自2013年8月起，由地区试点转为行业试点，对于试点的行业在全国范围内进行营改增。营改增的大范围推广和实施不仅消除了重复征税，同时也实现了结构性减税的主要目标。自 2016 年 5 月 1 日起，在全国范围内全面推开营改增试点，将服务业的最后"四个行业"——建筑业、房地产业、金融业、生活服务业全部营业税纳税人纳入营改增范围，即全面实施营改增。

本研究根据我国营业税改征增值税试点政策的规定，就主要税制要素变化做了整理汇总，如表 1.2 所示。

表 1.2　　　　　　　　营改增行业及其税率

行业		营业税税率	增值税税率	征收率
交通运输业	陆路、水路、航空、管道、铁路等运输服务	3%	11%	3%（小规模纳税人提供应税服务的征收率为3%）
邮政业	邮政普遍服务、邮政特殊服务和其他邮政服务			
部分现代服务业（7项）	有形动产租赁服务	5%	17%	
	不动产租赁服务		11%	
	研发和技术服务、物流辅助服务、信息技术服务、鉴证咨询服务、文化创意服务、广播影视服务	5%	6%	
电信业	基础电信服务	5%	11%	
	增值电信服务		6%	
建筑业	建筑、安装、修缮等其他工程作业	3%	11%	
转让无形资产	专利技术、商标、著作权、自然资源使用权等	5%	6%（销售土地使用权适用11%税率）	
销售不动产	建筑物、构筑物	5%	11%	
金融服务	贷款、保险、金融商品转让等服务	5%	6%	
生活服务	文化体育服务、教育医疗服务	3%	6%	
	旅游服务、餐饮住宿服务	5%	6%	
	娱乐服务	5%—20%	6%	

注：表中增值税部分的 17% 税率，在 2018 年 5 月 1 日至 2019 年 3 月 31 日为 16%，2019 年 4 月 1 日后为 13%；表中增值税部分的 11% 税率，在 2018 年 5 月 1 日至 2019 年 3 月 31 日为 10%，2019 年 4 月 1 日后为 9%。本书未特别说明情况下，均采用 2018 年 5 月 1 日之前财税〔2016〕36 号文件规定的税率。

1.3.4 企业竞争力

企业竞争力是指企业在激烈的竞争环境中，能够不断向市场提供比其他企业更加质优价廉的产品和服务，在获利的同时促进自身发展的能力。企业竞争力测评体系主要根据一些学界广泛接受的理论，对企业的一些核心指标赋予相关的权重，测算出企业的竞争力。本研究采用具有代表性的金碚（2009）的企业竞争力评价体系。金碚（2009）采取专家小组分析以及问卷调查等方法确定了规模型、效益型、规模兼效益型三种模型下的各指标权重。

如表1.3所示，企业的竞争力由规模、增长、效率三类子因素构成，每类子因素又包括几种具体的指标。对于不同类型的企业，子因素和指标的权重不尽相同，根据企业实际数据加上相应的权重，即可以测算出该理论下的企业竞争力。

表1.3　企业竞争力测评体系三种模型下的指标权重

子因素	指标	规模型	规模兼效益型	效益型
规模子因素	销售收入	26	19	11
	净资产	13	10	6
	利润总额	9	15	21
	权重小计	48	44	38
增长子因素	近三年销售收入增长率	22	16	9
	近三年净利润增长率	8	13	18
	权重小计	30	29	27
效率子因素	总资产贡献率	5	8	12
	劳动效率	3	6	7
	净资产收益率	5	8	12
	出口收入占销售收入比重	9	5	4
	权重小计	22	27	35

1.3.5 供给侧结构性改革与技术进步

供给侧结构性改革,是指立足于供给质量的改善,通过改革手段整合资源配置的结构调整,既满足经济可持续发展的要求,又能使总供给更加符合人民群众的需求,通过提高全要素生产率(Total Factor Productivity,TFP),实现供给侧带动需求端。供给侧结构性改革并不是简单地在数量上减少供给,其关键的内涵是提高全要素生产率。

全要素生产率是用于衡量经济增长和技术进步的指标。全要素生产率不等于全部要素的生产率,而是衡量除去诸如资本、劳动等有形生产要素以外的纯技术进步的生产率的增长。由于纯技术进步的生产率的增长包括了制度和结构要素,基于现阶段研究的局限性无法对制度要素和结构要素进行定量研究,故本书的研究对象采用广义的技术进步,即包括制度和结构在内所有非劳动和资本要素创造的生产率增长的部分。基于文献研究和实证研究的总结,本书的研究认为全要素生产率不仅在一定误差范围内可以基本准确地衡量技术进步,还具备其他指标体系不具备的简便性和概括性等优越条件。

1.3.6 企业投资

投资是指特定的经济主体为了在未来可预见的时期内实现拥有或者控制特定的经济资源、增强利润创造能力和竞争力、获取客观的收益等目标,以现有的一定时期内的经济资源为成本而进行的经济活动。建筑业企业对固定资产、在建工程、工程物资、长期股权的投资都与建筑业营改增相关,本书以企业的固定资产、在建工程、工程物资、长期股权等的投资之和作为分析营改增对企业投资影响的组成因素。

1.3.7 就业

保障就业是经济发展和社会稳定的必要前提。劳动经济学指出,一个经济体可以获取的劳动量取决于劳动强度、人口的规模和构成、工作周数与节假周数、愿意工作的人的比例、工作周的长度、技能训练水平和劳动力的文化教育程度。本书选取企业员工总数作为企业就业的因变量。由于建筑行业自身特点，企业可能将部分工作分包给劳务公司，这部分建筑相关就业人员的数据在统计时存在困难，因此本研究涉及的建筑业企业就业人口仅为企业在编职工，包括技术工人、管理人员等。

第 2 章
建筑业营改增对企业竞争力的影响

2.1 文献综述及相关理论

由于世界上绝大多数国家都征收增值税,学术界对增值税的研究已相当成熟,并且普遍对施行增值税制度持肯定的态度,其中国内学者对营改增的意义也做了较为丰富的研究。另外,建筑业在经济发展中举足轻重,建筑业企业的发展受到了众多学者关注。但是,国内外学者却鲜有研究建筑业营改增与建筑业企业竞争力之间的关系。本节将较为全面系统地总结梳理关于营改增的代表性文献和主要观点,并且回顾、总结企业竞争力的重要论述和主流观点,以期从中探索出两者间的关系。

2.1.1 国外相关文献

目前,国外学者关于营改增政策效应的研究成果较少,但对于增值税税收中性及其税收优势等理论已取得了突出的研究成果,获得国内外学者的一致认可,这些理论对我国营改增政策的推行具有引导作用。

Alan (1992) 通过对各国增值税制度及其执行结果进行研究,得出结论:从生产到零售各个环节都征收增值税是相对理想的状态,同时劳务作为一种特殊商品也应征收增值税,其观点在某种程度上验证了建筑业营改增的必要性。

Kay 和 Davic（1990）认为，在增值税意义下不同行业的"增值率"并不相同，因此营改增后不同行业的税负变化也不一致，税负明显增加的行业将很难推行营改增政策。

Tuan（2007）认为应扩大增值税征税范围，其征税范围不应局限于制造和进口环节，服务行业也应纳入征税范围。

Michael 和 Ben（2010）介绍了143个国家增值税征收情况，并分析了征收增值税对国家的财政收入的影响以及税率的变化产生的影响。在此研究基础上得出的结果表明，大部分国家实施增值税会改善其税制。

增值税对于发展中国家的发展意义重大，因为发展中国家的统计系统以及信誉系统并不完善，严重影响其所得税以及商品零售税的征收。Jenkins 和 Kuo（2000）建立实证分析模型，对数据进行一系列分析，最终得出结论：发展中国家的税收政策不完善，税收基础也相对狭隘。

综上所述，国外大多数学者认为，实行增值税制度是势在必行的，其适用范围也应逐步扩大，尤其是对发展中国家来说，完善增值税制度尤为重要。由于多数国家对建筑业一直实行增值税，未经过税改过程，因此对建筑业营改增的研究极为鲜见。

2.1.2 国内相关文献

我国从2012年试点营改增过渡到2016年全面实施营改增，营改增问题一直是国内学者研究的焦点，其研究主题主要包括营改增对企业税负、财务绩效以及建筑业企业等的影响。本章选取了部分比较有代表性的观点。

万建国（2012）认为，建筑业营改增对企业税负的影响主要取决于是否取得了增值税专用发票以及准予抵扣进项税额的大小。但是，在现有发票管理制度下，并非所有建筑成本项目都可以取得增值税专用发票。"甲供材"、劳务用工等多种支出都难以取得增值税专用发票，导致进项税额难以抵扣，从而加重企业税负。

胡峰和梁俊（2013）认为，建筑业企业实施营改增，有利于避免重复征税，同时可以促进增值税抵扣链条的完善，使企业税负趋于合理化，确保税负公平。

路宪文（2013）预测，建筑施工企业实施营改增，会对建筑业财务核算工作有更严格要求，原因在于增值税管理体系较为严格，而营业税的核算方法较为简单，因此建筑业营改增会影响企业财务核算。

胡启昀（2017）认为，建筑业实施营改增会增加企业工程管理（包括投标工作、物资采购、成本归集、企业工程形象、工程合同）、会计核算（包括核算方法、财务指标、发票管理）、资金管理（包括资金预算、资金流通性）的难度。

纪金文（2017）认为，建筑业营改增在税负方面的变化主要体现为：因销售商为小规模纳税人而无法取得增值税专用发票导致无法抵扣进项税额，以及"甲供材"合同限制可抵扣进项税额范围，这可能会加重企业税收负担。

通过前文对营改增相关文献的回顾，不难发现，目前国内学者对营改增政策的研究均集中在其对企业微观层面的影响，在企业税负、财务绩效等方面的研究中，对企业宏观层面影响的研究很少，且绝大多数研究属于规范性研究，较少采用实证研究，从而导致其研究结论缺乏数据支撑。

2.1.3 企业竞争力的概述

企业的竞争力，在激烈的竞争环境中具体体现为企业参与市场竞争，支撑企业长期持续生存发展的能力。随着经济的不断发展，企业作为市场竞争主体的地位愈加突出，国内外学者一直关注对企业竞争力的研究，真正以竞争力为对象的研究是从20世纪80年代开始的。目前，国外学者对企业竞争力的研究处于成熟阶段，但是对企业竞争力概念的界定并未达成一致，对其测评与评价等问题也有较大分歧。本章选取了以下几种代表性观点阐述企业竞争力理论：

世界经济论坛（1985）认为，无论是与国内竞争者还是国外竞争者相比，企业竞争力是指企业在现在和未来，均有向消费者提供更为质高价廉的产品的能力。美国竞争力委员会主席 George Fish 提出了企业竞争力是指与竞争对手相比，企业能够更敏捷获取、创建、应用各方面知识与资源的能力的观点。美国经济学家 Prahalad 和 Hamel（1990）在《哈佛商业评论》中首次提出企业竞争力的概念，他们认为企业竞争力是企业特有的技能或技术，能够为消费者带来特殊利益，而其他企业难以模仿，具有持久性，可形成企业的竞争优势。皮尔斯等人认为企业竞争力是由多方面因素决定的，如企业资源、决策、能力等，它们能够帮助企业抓住机遇、克服困难、获取超额利润。日本学者藤本隆宏（1997）分别从静态能力、改善能力和进化能力三个层面分析企业竞争力，其认为企业静态能力是指企业现有的竞争能力；改善能力是指企业提升现有竞争力的能力；进化能力是指建立前两种能力的能力。市场结构学派创始人迈克尔·波特对企业竞争力的分析侧重于企业外部市场结构，强调了公司战略对其竞争力的影响的重要性，1998年，他在《国家竞争优势》中提出，企业竞争力是指企业以全球发展战略参与国际竞争的能力，认为战略是企业在激烈竞争环境中立于不败之地的关键因素。

在我国，对于企业竞争力的研究仍处于初级阶段，但许多学者已经在此领域做出了大量的贡献，其中金碚的观点最具代表性，受到了广泛认可。金碚（2003）在《中国企业竞争力报告》中提出了企业竞争力的概念，认为企业竞争力是指企业在激烈的竞争环境中，能够不断向市场提供比其他企业更为质优价廉的产品和服务，并在获利的同时促进自身发展的能力。胡大力（2005）研究了企业外部环境和内部资源对企业竞争力的重要影响，认为企业竞争力是指在有限的市场资源配置中，通过有效利用企业外部环境和内部资源，在参与市场竞争时企业展示出的可持续发展的能力，这是企业克敌制胜的关键所在。

2.1.4 企业竞争力的测评理论

自从1980年世界经济论坛与瑞士洛桑国际管理学院发布了《世界竞争力年鉴》之后，世界各国掀起了研究竞争力评价指标体系的热潮，其中关于企业竞争力评价指标的相关内容并不鲜见。此后，国内外许多学者和机构对企业竞争力评价问题进行了系统研究。Aneel（1982）提出了用纳什均衡评价企业竞争力的方法，用市场份额与实际市场份额之比衡量企业竞争力的高低。然而，随着经济不断发展并日趋复杂化，仅市场份额这一单一指标已难以综合衡量企业的竞争力水平。因此，通过分析企业财务状况等方法间接评价企业竞争力的方式被逐渐推广，其中最具代表性的方法有两种，一种是世界经济论坛的《全球竞争力报告》

的衡量标准，另一种是瑞士洛桑国际管理学院发布的《世界竞争力年鉴》的衡量标准。这两种方法从公司绩效、生产效率、管理绩效、劳动成本、企业文化和企业战略五个主要方面建立企业竞争力测评体系，对企业竞争力评价体系的构建和完善具有十分重要的指导意义。此外，在世界上还有其他一些机构和学者对企业竞争力评价体系进行了研究，如韩国的大宇经济研究所和产业研究院、日本的经济新闻经济研究中心以及美国学者 Ginsberg（1988）等。

我国对企业竞争力评价的研究起步较晚，20 世纪 90 年代初才开始探索，与国外研究相比，尽管存在着一定差距，但也取得了丰硕成果。中国企业联合会（1996）研究开发了一套企业竞争力指标体系，将指标划分为定量指标和定性指标两类，其中定量指标占 72%，定性指标占 28%。指标内容主要包括财务状况、管理水平及社会效益等七个部分，采用众多指标综合反映企业的竞争力水平。范晓屏（1997）认为评价企业竞争力应综合考虑企业行为业绩和企业潜在竞争力，其主要从企业行业绩、潜在竞争力和战略管理能力三方面入手对企业竞争力进行测量评价。竞争力业绩主要用利润、市场占有率等指标测度，反映企业前期和当期的市场地位；潜在的竞争力主要衡量企业技术、成本、质量等方面潜力；战略管理能力主要考量企业战略管理、市场营销能力。胡大立（2009）以企业的组成要素为基础，综合设计了包括盈利能力、经营能力、市场控制力、信息技术水平等在内的 12 大要素和 70 个指标，旨在充分评估企业的显在竞争力和潜在竞争力。金碚将企业竞争力的指标分成两类：测评指标和分析指标，并在此基础上选用包括利润总额、总收益率、专利数、公众评价（人气指数）等 16 个指标评价企业竞争力，具体指标如表 2.1 所示。

表 2.1　　　　　　　　金碚企业竞争力测评指标

指标名称	指标含义	备注
销售收入	规模	市场份额
利润总额	盈利能力	规模
净资产	资本实力	融资能力
总资产贡献率	资金利用效率	负债的影响、融资能力
总收益率	价值创造能力	人才竞争中的态势

续表

指标名称	指标含义	备注
近三年技改投资与信息化建设投资占销售收入的比重	技术实力	投资提供竞争力的融资能力
拥有专利数	自主知识产权	技术优势
财经记者评价	企业家及管理水平	不可直接计量因素
公众评价力	品牌营销力	广告效果
近三年销售收入增长率	业务增长	市场份额、成长性
近三年净利润增长率	持续盈利能力	成长性
净资产利润率	资本盈利和增值能力	负债的影响
全员劳动生产率	劳动效率	销售收入
出口收入占销售收入的比重	出口竞争力	国际化
研发占销售收入的比重	潜在的技术竞争力	技术密集程度
行业分析师	资本市场表现	不可直接计量的因素

资料来源：金碚："中国企业竞争力报告（2004）"，《经济研究资料》2005 年，第 55 页。

本章采用具有代表性的金碚的企业竞争力评价体系。金碚采取专家小组分析以及问卷调查等方法确定了规模型、效益型和规模兼效益型三种模型下的各指标权重。各模型权重如表 1.3 所示。

2.2　建筑业营改增对企业竞争力影响的理论分析

2.2.1　我国建筑行业发展概况

建筑行业作为我国国民经济的支柱性产业之一，对吸纳就业、提高国民生活水平、推动我国城镇化和工业化进程等多方面有举足轻重的作用。随着我国经济和社会的迅猛发展，建筑产业主动适应经济发展新常态，全面深化改革，加快转型升级，积极推进建筑产业现代化，得到了持续快速的发展，成绩十分显著。

（1）建筑业总产值逐年递增，增速逐年降低。如图 2.1 所示：2018

年，我国建筑业总产值达到 235 085.53 亿元，是 2017 年 213 943.56 亿元的 1.10 倍，是 2016 年 193 566.78 亿元的 1.21 倍，建筑业总产值呈逐年递增趋势。就其增长速度而言，2010—2018 年全国建筑业总产值的增速分别为 25.0%、21.3%、17.8%、16.9%、10.2%、2.3%、7.1%、10.5%、9.9%，呈"U"形趋势，低谷位于 2015 年和 2016 年，前者增速较 2013 年降低了近 7 个百分点，而后者增速较 2014 年降低了近 8 个百分点。这种变化的原因在于，近年来，随着我国经济高速发展，尤其是加入世界贸易组织（WTO）之后，建筑业面临前所未有的发展机遇，总产值随之提高并保持稳步增长；2015 年后由于经济增速放缓，逆周期政策再度发力，使得 2010—2018 年建筑业总产值增速呈现"U"形变动趋势。

图 2.1　2010—2018 年全国建筑业总产值及其增长速度

（2）建筑业企业数与从业人员数逐年增多。从图 2.2 可以看出：2010—2018 年，我国建筑业从业人数与建筑业企业数均呈逐年递增的趋势。建筑业企业从业人员数由 2010 年的 4 160.4 万人增加到 2018 年的 5 563.3 万人，增长幅度为 33.72%；建筑业企业数由 2010 年的 71 863 家增加到 2018 年的 95 400 家，增长幅度为 32.75%。2018 年，全社会从业人数约为 77 586.0 万人，建筑业企业从业人数达 5 563.3 万人，占全社会总就业人数的 7.17%，较 2017 年的 7.12% 增加 0.05%。由此可见，建筑业对解决我国就业问题也至关重要。目前，我国建筑业企业技术装备水平不高，建筑工程项目的主要过程由手工劳动完成，需要大量劳动力。因此，建筑业在吸纳农村剩余劳动力、维护社会稳定两方面有突出贡献。

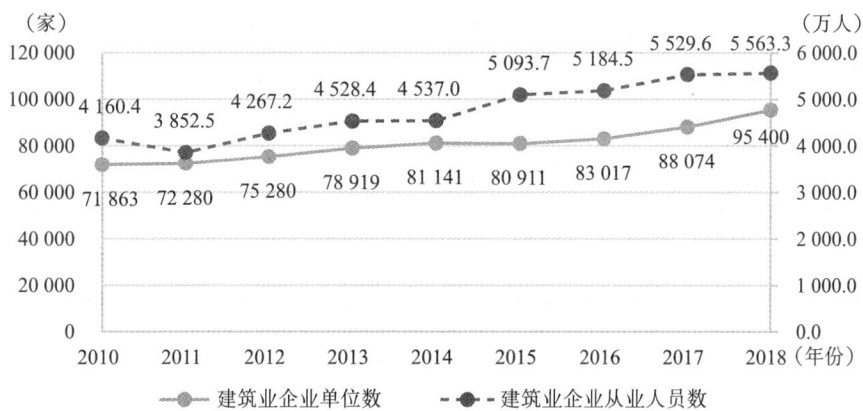

图 2.2　2010—2018 年全国建筑业单位数及从业人员数

（3）建筑业有力支持国民经济持续健康发展，支柱产业地位稳固。近年来，尽管面临国际经济不断变化波动、国际形势错综复杂的局面，我国经济在国家强有力的宏观调控和总体布局下，依然呈现出稳中有进的良好发展态势。从历史数据看，建筑业总产值从改革开放初期的 286.9 亿元发展到 2018 年的 235 085.5 亿元。2018 年，全年国内生产总值（GDP）为 900 309.5 亿元，同比增长 9.69%[①]，同期建筑业增加值为 61 808.0 亿元，同比增长 11.7%（见图 2.3），增速比国内生产总值增速高 2.05%。建筑业为国民经济持续健康发展做出了重要贡献，其支柱产业地位也得到了进一步的巩固。

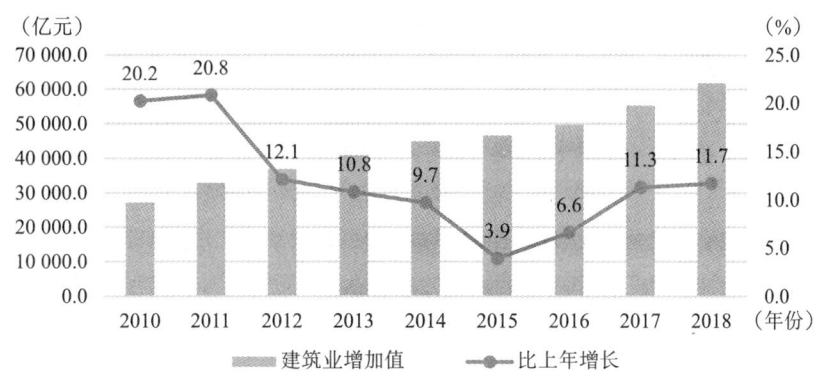

图 2.3　2010—2018 年我国建筑业增加值及其增长速度

资料来源：国家统计局网站。

---

① 此数据为名义价格计算结果，下同。

2.2.2 我国建筑业企业竞争现状

我国城市化进程日益加快,大规模建设逐年增加,同时伴随着更多企业进入建筑行业,建筑业企业间的竞争也日趋激烈。尤其是我国加入WTO后,许多产业逐渐与国际接轨,建筑市场也开始朝着规范化和国际化发展,建筑业企业面临更大的机遇和挑战,如何在激烈的竞争中生存并求得发展,是建筑业企业共同面临的难题。

据《中国统计年鉴》2018年年度数据显示,我国建筑业企业共有95 400家,从业人员为5 563.30万人,建筑业总产值达235 085.53亿元,同比增长9.9%,但增速稍有下降;建筑业增加值为61 808亿元,同比增长11.74%;房屋建筑施工面积为1 408 920.41万平方米,同比上升6.87%。2017年,我国建筑业企业利润总额为7 491.78亿元,同比增长7.24%(见图2.4)。

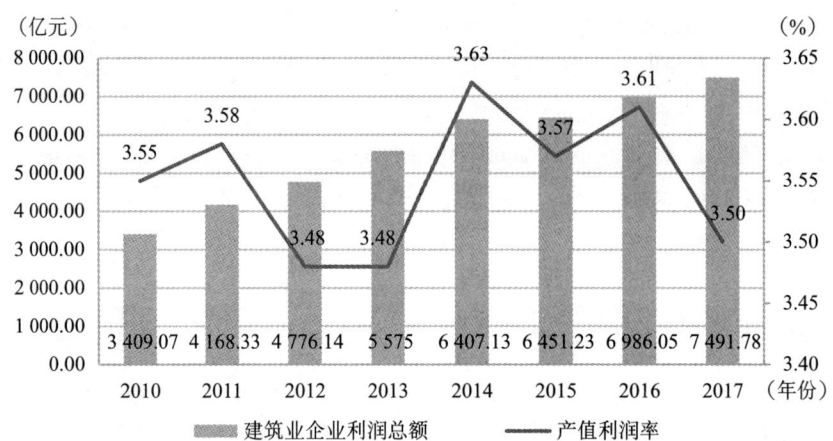

图 2.4 2010—2017年我国建筑业企业利润总额及产值利润率

资料来源:国家统计局网站。

从上述数据可以看出,我国建筑业发展势头良好,业绩呈上升态势且较稳定。但是,随着我国建筑业总产值、利润总额的不断增加,建筑业从业人员数量也急剧增长,人均技术装备水平并未随之提高,仍处于较低水平,机械普及化程度不高,多数工作仍需手工完成。因此,我国建筑业仍是劳动密集型、粗放式经营的行业,建筑业企业竞争优势并不明显，仍存在较多不足之处。同时，面对激烈的竞争环境，我国建筑业企业的管理水平并未显著提高，生产经营成本仍处于较高水平。总体来看，建筑业企业的盈利能力有所提高，但技术革新、成本管理等方面急需加强。

2.2.3 建筑业营改增对企业竞争力的影响

目前，国内外关于建筑业营改增对企业竞争力的影响的研究较少，对企业税收与其竞争力间关系的研究也甚为少见，两者之间是否有联系，以及有何关系，是本章研究的重点。通过查阅相关文献，本研究认为两者可能具有以下三种关系：正相关、负相关和不相关。本章结合金碚的企业竞争力评价体系，分析建筑业营改增对企业各方面的影响，并在此基础上分析建筑业营改增对企业竞争力的影响。

2.2.3.1 建筑业营改增对企业规模的影响

金碚在《中国企业竞争力报告》中用营业收入、净资产、利润总额等指标作为衡量企业规模的指标，依照金碚的企业竞争力评价体系，本章选择按相同的指标衡量企业规模，通过分析建筑业营改增对企业的营业收入、净资产、利润总额等指标的影响探讨建筑业营改增对企业规模的影响。

（1）营业收入。建筑业企业营业收入的主要来源是向业主收取的合同承包价款。营改增政策实施后，建筑业企业提供建筑服务时应开具增值税专用发票，工程完工收取价款时，需同时收回合同金额和增值税税额，其购进设备、原材料等产生的进项税可以凭票抵扣；当业主是建筑产品最终消费者时，其支付给建筑业企业的增值税进项税额是不得进行抵扣的。考虑到目前建筑业企业间竞争激烈且业主地位较为强势，建筑业产品价格的决定权并非掌握在建筑业企业手中，而是在消费者手中，因此建筑产品的价格变动不会太大。本章假设建筑业企业在营改增政策实施前后收取的价税合计额（S）不变，并在此假定基础上进行研究分析。由于增值税是价外税，即建筑业收到的价款中不包含增值税税额，因此营改增政策实施后，根据财政部和国家税务总局公布的《关于全面推开营业税改征增值税试点的通知》（财税〔2016〕36号），建筑业企业在营改增政策实施后适用11%的增值税税率，其营业收入＝销售额（S）（含税）/（1＋11%）＝0.90S，由此可见，营改增政策实施后建筑业企业营业收入将减少10%，会对企业的规模产生显著影响，同时也会使建筑业企业的地位和排名下降，进而影响建筑业企业竞争力。

（2）净利润。营改增政策实施后，建筑业企业一般纳税人取得的增值税专用发票准予抵扣，该部分进项税额不再计入营业成本。因此，合同预计总成本将比营改增政策实施之前减少。从前文分析可知，营改增政策实施后企业营业收入下降，成本费用也有一定程度下降，但其变动不易计量。同时，营业税大幅减少也会导致营业税税金及附加下降，这样对利润和企业所得税的影响存在很大不确定性。

学者们关于营改增对企业利润的影响的观点也并不统一。大多数学者认为营改增政策实施后企业利润会增加，因为进项税额和销项税额分别从企业成本和收入中分离出来，两者的减少是相同的，从而消除了对利润的影响，但营业税大幅减少也会导致营业税税金及附加下降，可能使企业利润增加。唐云慧和许纪校（2015）通过理论分析得出净利润平衡点为47.54%，即可抵扣成本费用占营业收入比例小于47.54%时，净利润会下降，可抵扣成本占营业收入的比重超过47.54%的水平时，净利润会上升。

（3）净资产。对于建筑业企业而言，固定资产和原材料是尤为重要的资产，材料、设备价值往往高达上亿元，占其资产总额的半壁江山。营改增政策实施后，企业购买的固定资产和原材料可以按17%的抵扣率进行抵扣，其入账价值相对于营改增前的账面价值会有所下降。但是，当企业资产账面价值下降时，如果企业负债总额不变，该企业的资产负债率就会上升，从而影响企业的竞争力。同时，营改增政策实施后，企业购买固定资产允许抵扣，这会使企业更积极对固定资产进行投资，由此带来贷款的增加以及利息的激增，会大大提高企业负债总额以及企业的资产负债率，从而影响企业评级。

综上所述，建筑业营改增可能会降低企业营业收入、增加净利润、减少企业净资产。企业规模由营业收入、净利润、净资产三个因素综合衡量。因此，建筑业营改增对企业规模的影响很难确切断定。

2.2.3.2 建筑业营改增对企业效率的影响

金碚在《中国企业竞争力报告》中，通过总资产收益率、净资产收益率、全员劳动效率等指标对企业效率进行衡量。但由于这几项指标均为比率指标，很难通过直观的理论分析得出建筑业营改增与指标之间存在的联系。从前文分析可知，建筑业营改增会增加企业净利润，减少资产总额与净资产，由此可得出建筑业营改增会提高总资产收益率与净资产收益率。但是，建筑业营改增后，固定资产准予抵扣，会促进建筑业企业固定资产更新，进而提高员工劳动效率。同时，总资产收益率和净资产收益率能够作为衡量企业财务绩效的指标。因此，为了更充分地说明建筑业营改增对企业效率的影响，本章拟通过文献研究法，探索营改增对企业财务绩效的影响，据此说明建筑业营改增对企业效率的影响。

蒋明等（2015）以 58 家交通运输业上市公司作为样本，构建实证模型，根据边际理论，分析了营改增政策实施前后税负变化对交通运输企业财务绩效的影响，最终得出结论：营改增对交通运输企业财务绩效并无显著影响。杨敏（2014）从营改增税负变动、抵扣效应、税率变动三方面进行研究，以 147 家上市公司为样本，采用多元回归模型分析了营改增对企业财务绩效的影响，研究结果显示营改增能够提高企业财务绩效。刘若鸿和史燕平（2012）认为，营改增政策实施后租赁者进项税额允许抵扣，提高了企业租用设备的积极性。他们采用案例分析方法，分析了营改增前后企业税负变动情况，从而得出结论：营改增可以提高租赁公司的财务绩效。姜欢等（2011）选取了 24 家物流业上市公司作为样本，在财务、税收等相关理论的基础上，运用实证分析方法分析了税改对企业税负和利润的影响，得出结论：影响营改增前后企业财务绩效的关键因素是固定资产投资规模，投资规模较大的公司与投资规模较小的公司相比较易受营改增政策的影响。鲁盛潭和彭景颂（2012）以上海地区交通运输业上市公司为样本，建立绩效分析模型，分析了营改增对企业财务绩效的影响，同时对比试点与非试点地区，研究结果表明营改增与企业财务绩效呈显著负相关关系。

综上所述，尽管国内学者关于营改增对企业财务绩效影响的研究结论未达成一致，但多数学者认为营改增会提高企业财务绩效。通过以上分析，本章认为，建筑业营改增会提高企业效率。

2.2.3.3 建筑业营改增对企业成长性的影响

金碚在《中国企业竞争力报告》中用近三年销售收入增长率、近三年净利润增长率等指标衡量企业的市场份额与成长性。销售收入增长率越大，说明企业市场占有率越高，未来企业的成长性也越好；净利润增长率越大，表明企业的经营绩效越好，市场竞争力也越强。虽然前文分析得出，营改增会使营业收入降低，但并不一定会导致市场份额降低，营业收入降低是因为相对于营改增政策实施之前，企业多缴纳了增值税，就整个市场而言，其市场份额并没有改变。

建筑业实施营改增后，固定资产准予抵扣，使建筑业企业在进行资产投资决策时，会大幅增加固定资产的投资比重。因此，营改增在给企业注入收益的同时，也提高了企业的生产技术，促进了生产效率。同时，国家推行营改增政策是为了企业更好发展，使中国企业在未来的发展中能够保持较高的增长能力和发展能力。由于固定资产投资的收益期较长，营改增对企业长期发展的影响也非立竿见影，有待时间验证。但营改增对企业的短期影响已经体现，营改增政策实施后，企业的资产投资规模逐渐扩大，设备更新速度有所提高，促进了企业的进步和长远发展。

同时，赵连伟（2015）利用2011—2014年微观企业层面的调查数据进行了实证研究，主要从三个角度出发，对2012—2014年营改增的经济效应进行分析：一是从"量"的角度分析研究营改增对企业固定资产投资和营业收入的拉动作用；二是从"效益"的角度，分析研究营改增对企业盈利能力的提升作用；三是从"创新"的角度，分析研究营改增对企业技术投入的促进作用，以此研究营改增是否有助于企业的成长能力的提高。通过采用双重差分（DID）模型对抽样企业营改增政策实施前后的效应进行实证分析，得出研究结论：营改增政策实施后企业新增固定资产较之前提高了4.85%；营改增提高了企业的盈利能力，使净资产收益率平均提高3%；营改增拉动企业技术投入比率平均增长0.27%，提高了企业创新能力。总体而言，营改增对企业成长能力的拉动效应非常显著。

综上所述，本章认为，建筑业营改增对企业发展不仅在短期内有利，对企业的长期成长、发展也有较显著的拉动作用。

2.3 建筑业营改增对企业竞争力影响的实证研究

2.3.1 研究假设的提出

本章分别从企业规模、效率、成长性三方面分析建筑业营改增与企业竞争力之间关系，尽管建筑业营改增对企业竞争力既有正的影响，也有负的影响，存在一定不确定性，但总体而言积极影响比重较大，据此提出假设2.1。

同时，本章结合理论研究及实践经验，认为一项政策的实施并非立竿见影，往往需要一段时间才能发挥其功效，而且其作用通常会呈现出滞后现象，据此提出假设2.2。

综上所述，提出以下假设：

假设2.1 建筑业营改增对企业竞争力的提高具有正向作用。

假设2.2 建筑业营改增对企业竞争力的影响具有滞后性。

2.3.2 变量选择与模型构建

为研究对象选择变量指标是本章研究的重要内容，由于建筑业营改增与企业竞争力涉及不同的评价指标，因此本章的变量指标与模型的介绍将分为以下两部分。

2.3.2.1 变量的选择

（1）建筑业营改增的指标选择。建筑业营改增涉及的指标主要为应缴营业税和应缴增值税，由于营改增政策实施之前建筑业企业只缴纳营业税，不缴纳增值税，而营改增政策实施之后，企业将不再缴纳营业税，只缴纳增值税。因此，将应缴营业税和应缴增值税分开单独核算并不能反映企业营改增政策实施前后税负的变化。同时，本章假定营改增政策实施前后企业除建筑业之外的其他业务基本保持不变，即其他业务缴纳的增值税和营业税基本保持不变，在此基础上本章选用企业应缴增值税（VAT）与应缴营业税（BT）两者之和作为建筑业营改增的衡量指标，即流转税税额（CCT），此处流转税仅包括增值税和营业税，不包括消费税、关税等，即：

流转税税额（CCT）= 应缴增值税（VAT）+ 应缴消费税（BT）

（2）企业竞争力评价指标选择。根据前文对企业竞争力评价理论的分析，并结合本章研究的需要，本章选取最具代表性的评价方法——金碚企业竞争力评价体系，评价我国建筑业企业的竞争力。金碚的观点在企业竞争力的评价指标体系设置方面得到学界认同。从前文分析可知，金碚企业竞争力评价体系包括两类指标：测评性指标和分析性指标。其中，测评指标可直接从上市公司报表中获取，而分析性指标，如企业知名度、企业形象等，多数是难以量化的指标，并且很难从公司的公开数据中获得。因此，本章主要采用测评性指标衡量企业竞争力。考虑到出口收入对企业竞争力贡献较小，解释力度不大，本章剔除出口收入占销售收入的比重这一指标。同时，考虑到样本企业数据的可获得性和样本时间跨度，本章将在增长子因素中用"近两年"的数据替代"近三年"的数据，最终得到8项指标，并且采用规模兼效益模型对各因子的比重进行确定。具体企业竞争力的评价指标如表2.2所示。

表2.2　　　　　　　　竞争力的评价指标及其权重

变量类型		指标名称	变量符号	权重	备注
竞争力	规模因子	营业收入	SR	19.625%	取自年报
		净资产	NA	10.625%	取自年报
		净利润	NP	15.625%	取自年报
	效率因子	劳动效率	EOL	6.625%	营业收入/员工总数
		净资产收益率	ROE	8.625%	净利润/净资产
		总资产报酬率	ROA	8.625%	净利润/总资产
	增长因子	销售收入增长率	SGP	16.625%	（本年销售收入－上年销售收入）/上年销售收入
		净利润增长率	NGP	13.625%	（本年净利润－上年净利润）/上年净利润

本章主要从规模因子、效率因子及增长因子三个方面设计企业竞争力的评价指标。企业竞争力得分的计算方法是：首先，使用统计软件SPSS20.0对8项指标进行标准化处理，将原始数据转化为标准值；然后，将各指标转化所得的标准值乘以其权重，并相加得出各子因素的标准值；最后，将各因素的权重乘以其标准值，直接相加得到企业的竞争力得分。

（3）控制变量选择。

企业规模（SIZE）。国外很多学者研究指出，企业的规模对企业竞争力有很大的影响。根据规模效应理论，企业规模达到一定程度时，会使企业成本下降和利润增加。与规模较小的企业相比，规模大的企业能以更低的成本提供商品，获得更多的利润，从而拥有更强的竞争力。因此，考虑到企业规模对企业竞争力产生的影响，本章将企业规模作为控制变量，并选用企业期末的总资产衡量企业规模。资产总额对数 = ln（资产总额）。

企业年龄（AGE）。通常情况下，企业年龄越大，表明其生产经营状况越稳定，而生产经营稳定的企业往往会拥有比较稳定的市场，在行业中占有一席之地，具有一定的竞争优势。因此，将企业年龄作为本章控制变量之一，并以企业成立的年限衡量。

资本结构（LEV）。本章选取资产负债率代表企业资本结构，反映企业的价值构成及其比例关系。资产负债率是企业融资结果的体现，也是企业经营管理人员利用债权资金进行经营活动的能力衡量指标。而融资结果与偿债能力通常与企业竞争力有密切联系。因此，本章选用资产负债率体现企业的资本结构，并作为控制变量加入模型。LEV = 总负债/总资产

所有变量设定与描述如表2.3所示。

表2.3　　　　　　　　　　研究变量设定与描述

变量类型		变量标识	变量描述及定义
因变量	企业竞争力	EC	按"中国经营报企业竞争力监测体系"综合企业竞争力指数
自变量	流转税税额	CCT	应缴增值税与营业税之和

续表

变量类型		变量标识	变量描述及定义
控制变量	企业规模	SIZE	总资产的自然对数
	企业年龄	AGE	企业成立年限
	资本结构	LEV	总负债/总资产

2.3.2.2 模型的构建

(1) 企业竞争力模型的构建。本章借鉴金碚企业竞争力评价体系，建立如下企业竞争力计算公式：

$$EC = \alpha_1 SR + \alpha_2 NA + \alpha_3 NP + \alpha_4 EOL + \alpha_5 ROE + \alpha_6 ROA + \alpha_7 SGP_{2y} + \alpha_8 NPG_{2y} \quad (2.1)$$

其中，EC 为企业竞争力；α_1、α_2、α_3、α_4、α_5、α_6、α_7、α_8 分别为销售收入、净资产、净利润、劳动效率、净资产收益率、总资产贡献率、近两年度销售收入平均增长率、近两年度净利润平均增长率的权重。

(2) 建筑业营改增对企业竞争力影响模型的构建。根据前文对于建筑业营改增对企业竞争力影响机理的分析，建立了如下的研究模型：

$$EC_{it} = \beta_0 + \beta_1 CCT_{it} + \beta_2 SIZE_{it} + \beta_3 AGE_{it} + \beta_4 LEV_{it} + \mu_{it} \quad (2.2)$$

其中，β_0 是截距项，代表模型之外的影响 EC_{it} 的其他变量；β_1、β_2、β_3、β_4 分别为企业缴纳流转税税额、企业规模、企业年龄、企业资本机构的回归系数；i 表示第 i 家上市公司；t 表示时间；μ_{it} 表示随机干扰项。

模型 (2.2) 为固定效应模型，i 表示第 i 个横截面单元，t 表示时期。固定效应是指尽管截距在不同研究对象之间可能不同，但是每个研究对象的截距不会随着时间的改变而改变，即不随时间的变化而变化。使用固定效应模型的目的是通过固定个体效应，比较个体的特定类目间、特定类别间或特定类目与特定类别间的交互作用效果，而不是以此推论到其他个体。

2.3.3 样本选择与数据来源

2.3.3.1 样本选择

建筑业企业竞争力的研究需要大量的基础数据，数据的获取是实证研究中非常基础且必要的工作。实证研究的质量高低依赖于企业数据的真实性、完整性、可靠性以及适用性。按照中国证监会颁布的《上市公司行业分类指引（2012年修订）》第 E 类"建筑业"选取，截至 2017 年 12 月 31 日建筑业上市公司共 100 家，考虑到 2009 年我国施行增值税转型改革会对企业财务数据造成影响，因此本章选取 2010—2017 年 8 年间 45 家建筑业上市公司年报数据，共计 360 个数据。其中，地方国有企业 15 家，中央国有企业 12 家，民营企业 18 家；主板上市公司 28 家，中小企业板 15 家，创业板 2 家。样本筛选标准如下：

（1）所选公司均为 A 股上市公司，剔除发行 A 股同时还发行 H 股、B 股或其他外资股的上市公司，原因在于目前国内投资者主要关注 A 股市场，同时也避免了会计政策差异造成的影响。

（2）剔除企业绩效差的其他特别处理（ST）、暂停上市（PT）公司，以及数据缺失公司。

（3）选择 2011 年 1 月 1 日之前上市的公司，确保了各指标 8 年数据是完整的。

本章所有财务数据均来源于 Wind 资讯终端，并经整理而得（见表 2.4）。

表 2.4　　　　　　　　　　样本企业

证券代码	证券简称	证券代码	证券简称
000090.SZ	天健集团	600496.SH	精工钢构
600820.SH	隧道股份	600039.SH	四川路桥
000961.SZ	中南建设	600248.SH	延长化建
600068.SH	葛洲坝	600528.SH	中铁二局
600853.SH	龙建股份	600502.SH	安徽水利
002062.SZ	宏润建设	002060.SZ	粤水电

续表

证券代码	证券简称	证券代码	证券简称
600326.SH	西藏天路	601390.SH	中国中铁
600545.SH	新疆城建	600986.SH	科达股份
600846.SH	同济科技	002051.SZ	中工国际
600170.SH	上海建工	600512.SH	腾达建设
002482.SZ	广田股份	601186.SH	中国铁建
300055.SZ	万邦达	002081.SZ	金螳螂
000065.SZ	北方国际	600477.SH	杭萧钢构
002504.SZ	弘高创意	601618.SH	中国中冶
002524.SZ	光正集团	601668.SH	中国建筑
601117.SH	中国化学	002135.SZ	东南网架
002431.SZ	棕榈园林	002325.SZ	洪涛股份
002307.SZ	北新路桥	600133.SH	东湖高新
600463.SH	空港股份	002375.SZ	亚厦股份
300117.SZ	嘉寓股份	002310.SZ	东方园林
000628.SZ	高新发展	002314.SZ	南山控股
600284.SH	浦东建设	002140.SZ	东华科技
600491.SH	龙元建设		

2.3.3.2 数据分析方法

本章运用 Excel 对收集的原始数据进行加工处理，使用统计软件 Stata14、EViews10.0，首先对自变量和因变量进行描述性分析和相关性分析，然后对模型进行回归分析，从而验证研究假设。

2.3.4 数据分析与模型检验

2.3.4.1 样本描述性统计分析

本章对 360 个样本数据的所有变量进行了描述性统计，以便了解数据的基本特征和整体的分布形态，具体结果如表 2.5 至表 2.7 所示。

(1) 因变量描述性统计。本章的因变量为企业竞争力得分，竞争力得分数据共 360 个,最大值为 2017 年的中国建筑,竞争力得分为 3.533 分,最小值为 2013 年的东湖高新,竞争力得分为 -2.082 分(见表 2.5)。从均值来看,我国建筑业企业的企业竞争力得分较低,说明我国建筑业企业竞争力不高。值得注意的是,有些样本上市公司的竞争力得分为负数,但并不意味着样本公司的竞争力为负数,正、负数仅是相对平均水平位置而言,这是由于在整个分析过程中将数据标准化处理导致的结果,代表各样本公司的相对竞争力水平。

表 2.5　　　　　　　　企业竞争力得分描述性统计

年份	观测量(个)	平均值	标准差	最小值	最大值
2010	45	0.0354	0.342	-0.419	1.193
2011	45	-0.0113	0.378	-0.513	1.502
2012	45	-0.0341	0.453	-0.796	1.702
2013	45	-0.0150	0.605	-2.082	2.160
2014	45	-0.0088	0.716	-2.080	2.495
2015	45	-0.0522	0.564	-0.751	2.729
2016	45	-0.0184	0.628	-0.773	3.116
2017	45	0.1040	0.689	-0.851	3.533
全部年份	360	0.2792	0.559	-2.082	3.533

(2)自变量描述性统计。本章自变量为企业缴纳的流转税税额(此流转税税额仅包括企业缴纳的增值税和营业税,不考虑其他税额),共搜集数据 360 个。最小值为 2014 年中工国际的 -2.213 亿元,最大值为 2015 年中国建筑 137.0 亿元,8 年间整体均值为 6.132 亿元,可以看出 2010—2015 年 6 年间我国建筑业企业流转税税额呈逐递增趋势,2016 年平均流转税税额降至 2.967 亿元,2017 年缓慢上升(见表 2.6)。

表 2.6　　　　　　　　企业流转税税额描述性统计

年份	观测量(个)	平均值(亿元)	标准差(亿元)	最小值(亿元)	最大值(亿元)
2010	45	4.309	12.75	-0.70000	57.91
2011	45	5.886	17.07	-0.67500	80.94
2012	45	6.681	18.17	-0.29200	83.14

续表

年份	观测量（个）	平均值（亿元）	标准差（亿元）	最小值（亿元）	最大值（亿元）
2013	45	7.873	22.89	-0.87800	118.20
2014	45	8.678	23.79	-2.21300	126.00
2015	45	9.132	25.38	-1.60400	137.00
2016	45	2.967	7.133	-0.04170	38.25
2017	45	3.528	8.597	0.00850	51.79
全部年份	360	6.132	18.13	-2.21300	137.00

（3）控制变量描述性统计。本章选取的控制变量为企业规模、企业年龄、企业资本结构，每个变量采集数据为360个，具体描述性统计如表2.7所示。以企业总资产的自然对数衡量企业规模，企业总资产的2010—2017年整体均值为727.70亿元，最大值为2017年中国建筑为15 510.00亿元，最小值为2010年光正集团6.93亿元。企业年龄整体平均值为21.76年，最大值为2017年洪涛股份的32.00年，最小值为2010年中国化学的2.00年。以资产负债率反映企业资本结构，整体平均值为68.39%，最大值为2014年高新发展的95.93%，最小值为2010年万邦达的11.78%。

表2.7   控制变量描述性统计

变量	平均值	标准差	最小值	最大值
企业总资产（亿元）	727.70	1943	6.93	15 510.00
企业年龄（年）	21.76	5.81	2.00	32.00
资产负债率（%）	68.39	15.81	11.78	95.93

2.3.4.2 相关性分析

相关性分析是研究变量间密切程度的一种常用统计方法。变量之间线性相关程度的强弱和方向就可采用相关分析衡量。本章采用Stata14对各变量进行相关性分析，并采用双尾显著性检验验证建筑业营改增是否与企业竞争力正相关，包含企业当期流转税税额与当期竞争力相关性、企业当期流转税税额与企业后期竞争力两个方面的分析。得分结果如表2.8所示。

表 2.8　　2010—2017 各年企业流转税税额与企业竞争力的关系

		企业竞争力							
		2010 年	2011 年	2012 年	2013 年	2014 年	2015 年	2016 年	2017 年
流转税税额	2010 年	0.725*** (0.000)	0.757*** (0.000)	0.645*** (0.000)	0.670*** (0.000)	0.629*** (0.000)	0.893*** (0.000)	0.882*** (0.000)	0.870*** (0.000)
	2011 年		0.757*** (0.000)	0.603*** (0.000)	0.661*** (0.000)	0.627*** (0.000)	0.891*** (0.000)	0.884*** (0.000)	0.874*** (0.000)
	2012 年			0.588*** (0.000)	0.650*** (0.000)	0.620*** (0.000)	0.881*** (0.000)	0.873*** (0.000)	0.863*** (0.000)
	2013 年				0.666*** (0.000)	0.637*** (0.000)	0.902*** (0.000)	0.898*** (0.000)	0.890*** (0.000)
	2014 年					0.650*** (0.000)	0.915*** (0.000)	0.911*** (0.000)	0.903*** (0.000)
	2015 年						0.913*** (0.000)	0.909*** (0.000)	0.898*** (0.000)
	2016 年							0.913*** (0.000)	0.909*** (0.000)
	2017 年								0.894*** (0.000)

注：*** 表示在 1% 的水平上显著。

从表 2.8 分析结果可以看出，企业流转税税额与企业竞争力之间呈显著正相关关系，2010 年相关系数为 0.725，2011 年相关系数为 0.757，2012 年相关系数为 0.588，2013 年相关系数为 0.666，2014 年相关系数为 0.650，2015 年相关系数为 0.913，2016 年相关系数为 0.913，2017 年相关系数为 0.894，均超过了 0.5，并且通过显著性检验可以看出，各系数均在 1% 的水平上显著，从而验证了前文的假设。从前期企业缴纳的流转税税额与当期的企业竞争力相关性来看，2010—2016 年 7 年间企业缴纳的流转税税额与 2017 年企业竞争力正相关，相关系数分别为 0.870、0.874、0.863、0.890、0.903、0.898、0.909，且在 1% 的水平上显著。2010—2015 年 6 间企业缴纳的流转税税额与 2016 年企业竞争力相关系数分别为 0.882、0.884、0.873、0.898、0.911、0.909，呈正相关关系，且在 1% 的水平上显著。2010—2014 年企业缴纳的流转税税额与 2015 年企业竞争力的相关系数分别为 0.893、0.891、0.881、0.902、0.915，呈正相关关系，且在 1% 的水平上显著。2010—2013 年企业缴纳的流转税税额与 2014 年企业竞争力的相关系数分别为 0.629、0.627、0.620、0.637，呈正相关关系，且在 1% 的水平上显著。2010—2012 年企业缴纳的流转税税额与 2013 年企业竞争力的相关系数分别为 0.670、0.661、0.650，呈正相关关系，且在 1% 的水平上显著。2010 年、2011 年企业缴纳的流转税税额与 2012 年企业竞争力的相关系数分别为 0.645、0.603，呈正相关关系，且在 1% 的水平上显著。2010 年企业缴纳的流转税税额与 2011 年企业竞争力也呈现出显著的正相关关系，相关系数为 0.757，且在 1% 的水平上显著。通过上述分析，可以看出企业流转税税额不仅与当期的企业竞争力有显著的正相关关系，并且随着时间的推移，企业前期缴纳的流转税税额与以后期间的企业竞争力也存在显著的正相关关系。

2.3.4.3 回归分析

相关性分析的主要作用是研究变量间是否存在关系及其关系的正负。由前文相关性分析可知企业流转税税额与企业竞争力间存在着相关关系，本章利用 Granger 因果检验分析企业流转税税额是否对企业竞争力具有因果关系及其因果方向，并以此建立企业流转税税额与企业竞争力的回归分析，进而分析两者间的变化规律。

（1）Granger 因果关系检验。格兰杰（Granger）因果关系检验是判断变量间是否存在因果关系以及因果方向的常用方法。因此，本章采用面板 Granger 因果分析方法对企业流转税税额（CCT）和企业竞争力（EC）的关系进行检验。Granger 因果关系检验的基本思想是假设两个变量 X、Y，在其他所有事件发生的情况均不变的条件下，变量 X 的变化会对变量 Y 的变化产生一系列的影响，且变量 X 的变化先于变量 Y 的变化，则说明变量 X 是变量 Y 的原因；反之也成立。其适用对象是时间序列数据，但无法检验同时具有时间和截面两个维度的数据，针对这一问题，国内外学者对 Granger 因果关系检验进行扩展研究，并取得了一定成果，本章采用具有代表性的 Hurlin 和 Venet 提出的一种固定系数的面板 Granger 因果检验方法，利用式（2.3）和式（2.4）两个向量自回归（VAR）模型，使用 EViews10.0 检测企业流转税税额和企业竞争力的 Granger 因果关系。

$$EC_{i,t} = \sum_{i=1}^{p} \alpha^{(k)} EC_{i,t-1} + \sum_{j=1}^{p} \beta_i^{(k)} CCT_{i,t-k} + V_{i,t} \quad (2.3)$$

$$CCT_{i,t} = \sum_{i=1}^{p} \alpha^{(k)} CCT_{i,t-1} + \sum_{j=1}^{p} \beta_i^{(k)} EC_{i,t-k} + V_{i,t} \quad (2.4)$$

其中，式（2.3）对应原假设 2.3：企业流转税税额不是企业竞争力的 Granger 原因；式（2.4）对应原假设 2.4：企业竞争力不是企业流转税税额的 Granger 原因。

①单位根检验。在对时间序列进行分析时，由于很多时间序列的数据是随着时间的增加而变化的，因此这些序列往往会表现出相同的变化趋势，但是这些序列变量间本身可能并不存在任何的相关关系，如果直接对这些数据样本进行分析，就会造成拟合效果很好但实际却没有解释力的回归结果。因此，为了变量结果估计的有效性，要首先对数据样本中每一个时间变量序列本身的平稳性进行检验，称为单位根检验。为了增加检验结果的可靠性，增强说服力，本章同时采用多种检验方法对面板数据的平稳性进行检验，检验结果如表 2.9 所示。

表 2.9　　　　　　　　　　单位根检验结果

单位根检验	流转税净额		企业竞争力	
	统计量	P 值**	统计量	P 值**
LLC 检验	-7.99493	0.0000	-3.80335	0.0001
Hadri 检验	1.58013	0.0570	5.65239	0.0000
IPS 检验	-1.47059	0.0707	-1.50773	0.0658
Fisher - PP 检验	69.96870	0.9418	137.45100	0.0010
Fisher - ADF 检验	121.60400	0.0149	127.52900	0.0057

注：** 表示在 5% 的水平上显著。

从表 2.10 可知，流转税净额单位根检验中，LLC 检验和 Fisher - ADF 检验都通过了 5% 的显著性检验，基本拒绝"存在单位根"的零假设，所以该变量是稳定的；企业竞争力单位根检验中，只有 IPS 检验没有通过，基本拒绝了"存在单位根"的零假设，该变量为平稳的时间序列变量。检验结果表明两个变量均为平稳的时间序列，因此可直接进行 Granger 因果关系检验。

②Granger 因果关系检验。本章利用 VAR 模型对面板数据实现

Granger 因果分析，根据前文构建的企业缴纳流转税税额与企业竞争力因果关系检验模型［式（2.3）和式 2.4)］，进行因果关系检验，分析结果如表 2.10 所示。

表 2.10　　　　　　　　Granger 因果关系检验结果

滞后	模型	Null Hypothesis（原假设）	观察值	F 统计量	P 值
滞后 1 阶	式（2.3）	流转税税额不是企业竞争力的 Granger 原因	315	76.7745	0.0000
	式（2.4）	企业竞争力不是流转税税额的 Granger 原因	315	1.38735	0.2398
滞后 2 阶	式（2.3）	流转税税额不是企业竞争力的 Granger 原因	270	37.1753	0.0000
	式（2.4）	企业竞争力不是流转税税额的 Granger 原因	270	0.24540	0.7826

由表 2.10 的结果可知，在滞后期为 1 时，原假设 2.3 的 P 值为 0，小于 0.01，拒绝原假设；原假设 2.4 的 P 值为 0.2398，均大于 0.01，不能拒绝原假设。因此，在滞后期为 1 时，流转税税额是企业竞争力的 Granger 原因，而企业竞争力不能确定是否为流转税税额的 Granger 原因。在滞后期为 2 时，原假设 2.3 的 P 值为 0，小于 0.01，拒绝原假设；原假设 2.4 的 P 值为 0.7826，不能拒绝原假设。因此，在滞后期为 2 时，企业流转税税额是企业竞争力的 Granger 原因，企业竞争力不能确定是否为流转税税额的 Granger 原因。

（2）回归分析。为了进一步明确企业流转税税额对企业竞争力的影响程度，验证前述研究的可靠性，本章利用回归分析进行进一步检验。

①当期企业流转税税额与当期企业竞争力的回归分析。2010—2017 年的当期企业流转税税额与企业竞争力的回归检验，如表 2.11 所示。

从表 2.11 可以得知，2010—2017 年的当期企业流转税税额与企业竞争力呈正相关关系，且回归结果均在 0.1 的显著性水平上显著。

表 2.11　2010—2017 年多元回归分析结果

变量	(1) 2010年	(2) 2011年	(3) 2012年	(4) 2013年	(5) 2014年	(6) 2015年	(7) 2016年	(8) 2017年
当期流转税额	0.0150***	0.0123***	0.00982*	0.0168***	0.0192***	0.0187***	0.0746***	0.0596***
	(0.00466)	(0.00367)	(0.00504)	(0.00474)	(0.00563)	(0.00214)	(0.00876)	(0.00777)
企业规模(SIZE)	0.071	0.103**	0.142**	0.076	0.047	0.064	0.061	0.127**
	(0.0445)	(0.0484)	(0.0675)	(0.0815)	(0.0936)	(0.0412)	(0.0457)	(0.0493)
企业年龄(AGE)	0.00453	0.00953	0.0218*	0.0204	0.0158	0.00425	0.00507	0.00323
	(0.00843)	(0.00872)	(0.01270)	(0.01610)	(0.0193)	(0.00786)	(0.00867)	(0.00973)
资本结构(LEV)	−0.00300	−0.00435	−0.00449	−0.00314	−0.00034	−0.00612*	−0.00475	−0.00875**
	(0.00220)	(0.00266)	(0.00424)	(0.00561)	(0.00706)	(0.00323)	(0.00318)	(0.00374)
常数项	−1.505	−2.287**	−3.384**	−2.013	−1.519	−1.380	−1.464	−2.612**
	(0.966)	(1.043)	(1.450)	(1.790)	(2.147)	(0.935)	(1.049)	(1.134)
观测量(个)	45	45	45	45	45	45	45	45
R^2	0.558	0.621	0.430	0.469	0.433	0.849	0.845	0.835
调整 R^2	0.514	0.583	0.430	0.416	0.377	0.834	0.830	0.819
F统计量	12.62	16.35	7.54	8.83	7.65	56.09	54.66	50.65
模型P值	0.000	0.000	0.000	0.000	0.000	0.000	0.000	0.000

注：括号中为标准差；*、**、***分别表示在10%、5%、1%的水平上显著。

根据 2010 年当期企业流转税税额与企业竞争力的多元回归分析结果，该模型的拟合优度 $R^2 = 0.558$，表示该回归关系中，因变量的 55.8% 的变异可以由自变量解释；F 统计量检验通过了 1% 显著性水平，表明模型整体较为显著，说明企业流转税税额与企业竞争力为显著的线性关系。流转税税额、企业规模、企业年龄的回归系数为正，企业资本结构的回归系数为负，与前文分析相符。

根据 2011 年当期企业流转税税额与企业竞争力的多元回归分析结果，模型的拟合优度 $R^2 = 0.621$，表示在该回归关系中，因变量的 62.1% 的变异可以由自变量解释，接受回归，拟合效果较好；F 统计量检验通过了 1% 显著性水平，表明模型整体比较显著，说明企业流转税税额与企业竞争力为显著的线性关系。流转税税额、企业规模、企业年龄的回归系数为正，企业资本结构的回归系数为负，与前文分析相符合。

根据 2012 年当期企业流转税税额与企业竞争力的多元回归分析结果，模型的拟合优度 $R^2 = 0.430$，表示在该回归关系中，因变量的 43.0% 的变异可以由自变量解释，接受回归，拟合效果较好；F 统计量检验通过了 1% 显著性水平，表明模型整体比较显著，说明企业流转税税额与企业竞争力为显著的线性关系。流转税税额、企业规模、企业年龄的回归系数为正，企业资本结构的回归系数为负，与前文分析相符合。

根据 2013 年当期企业流转税税额与企业竞争力的多元回归分析结果，模型的拟合优度 $R^2 = 0.469$，表示在该回归关系中，因变量的 46.9% 的变异可以由自变量解释，接受回归，拟合效果较好；F 统计量检验通过了 1% 显著性水平，表明模型整体比较显著，说明企业流转税税额与企业竞争力为显著的线性关系。流转税税额、企业规模、企业年龄的回归系数为正，企业资本结构的回归系数为负，与前文分析相符合。

根据 2014 年当期企业流转税税额与企业竞争力的多元回归分析结果，模型的拟合优度 $R^2 = 0.433$，表示在该回归关系中，因变量的 43.3% 的变异可以由自变量解释，接受回归，拟合效果较好；F 统计量检验通过了 1% 显著性水平，表明模型整体比较显著，说明企业流转税税额与企业竞争力为显著的线性关系。流转税税额、企业规模、企业年龄的回归系数为正，企业资本结构的回归系数为负，与前文分析相符合。

根据 2015 年当期企业流转税税额与企业竞争力的多元回归分析结果，模型的拟合优度 $R^2 = 0.849$，表示在该回归关系中，因变量的 84.9% 的变异可以由自变量解释，接受回归，拟合效果较好；F 统计量检验通过了 1% 显著性水平，表明模型整体比较显著，说明企业流转税税额与企业竞争力为显著的线性关系。流转税税额、企业规模、企业年龄的回归系数为正，企业资本结构的回归系数为负，与前文分析相符合。

根据 2016 年当期企业流转税税额与企业竞争力的多元回归分析结果，模型的拟合优度 $R^2 = 0.845$，表示在该回归关系中，因变量的 84.5% 的变异可以由自变量解释，接受回归，拟合效果较好；F 统计量检验通过了 1% 显著性水平，表明模型整体比较显著，说明企业流转税税额与企业竞争力为显著的线性关系。流转税税额、企业规模、企业年龄的回归系数为正，企业资本结构的回归系数为负，与前文分析相符合。

根据 2017 年当期企业流转税税额与企业竞争力的多元回归分析结果，模型的拟合优度 $R^2 = 0.835$，表示在该回归关系中，因变量的 83.5% 的变异可以由自变量解释，接受回归，拟合效果较好；F 统计量检验通过了 1% 显著性水平，表明模型整体比较显著，说明企业流转税税额与企业竞争力为显著的线性关系。流转税税额、企业规模、企业年龄的回归系数为正，企业资本结构的回归系数为负，与前文分析相符合。

从上述分析可以看出，各年模型的决定系数调整值均较高，表明自变量对因变量的解释程度较高，即因变量的变化基本能通过回归系数因变量所解释。同时，就各年 F 值检验而言，F 统计量均通过了 0.01 的显著性检验，说明模型对总体的拟合程度较高。从回归系数和 F 统计量检验的结果可以看出，企业流转税税额与企业竞争力呈正相关关系，且除 2012 年回归系数在 10% 的水平上显著外，其他年份的回归系数都在 1% 的水平上显著，说明回归系数具有显著性。

②企业当期流转税税额与后期竞争力的回归分析。当期企业缴纳的

流转税税额与后期竞争力的回归检验,具体如表 2.12 所示。

表 2.12　2010 年企业流转税税额与 2011—2017 年企业竞争力多元回归分析

变量	(1) 2011 年	(2) 2012 年	(3) 2013 年	(4) 2014 年	(5) 2015 年	(6) 2016 年	(7) 2017 年
2010 年流转税税额	0.0163*** (0.00431)	0.0192*** (0.00623)	0.0355*** (0.00844)	0.0358*** (0.01060)	0.0364*** (0.00473)	0.0391*** (0.00545)	0.0392*** (0.00583)
企业规模(SIZE)	0.111*** (0.0382)	0.111* (0.0553)	0.032 (0.0748)	0.017 (0.0943)	0.066 (0.0420)	0.092* (0.0483)	0.155*** (0.0517)
企业年龄(AGE)	0.0088 (0.0080)	0.0213* (0.0116)	0.0207 (0.0157)	0.0134 (0.0198)	0.0072 (0.0088)	0.0113 (0.0101)	0.0132 (0.0108)
资本结构(LEV)	−0.00587* (0.00296)	−0.00444 (0.00428)	−0.00610 (0.00580)	0.00406 (0.00731)	−0.00374 (0.00325)	−0.00428 (0.00375)	−0.00991** (0.00401)
常数项	−2.516*** (0.874)	−2.894** (1.264)	−0.926 (1.710)	−1.104 (2.158)	−1.672* (0.960)	−2.324** (1.105)	−3.354*** (1.183)
观测量(个)	45	45	45	45	45	45	45
R^2	0.653	0.494	0.481	0.411	0.812	0.799	0.809
调整 R^2	0.619	0.443	0.429	0.352	0.793	0.778	0.790
F 统计量	18.86	9.76	9.28	6.97	43.16	39.64	42.34
模型 P 值	0.000	0.000	0.000	0.000	0.000	0.000	0.000

注：括号中为标准差；*、**、***分别表示在 10%、5%、1% 的水平上显著。

根据 2010 年企业流转税税额与 2011 年企业竞争力的多元回归分析结果,模型的拟合优度 $R^2 = 0.653$,表示在该回归关系中,因变量的 65.3% 的变异可以由自变量解释,接受回归,拟合效果较好；F 统计量检验通过了 1% 显著性水平,表明模型整体显著,说明企业竞争力与企业缴纳的流转税税额有显著的线性关系。流转税税额、企业规模、企业年龄的回归系数为正,企业资本结构的回归系数为负,与前文分析相符合。

根据 2010 年企业流转税税额与 2012 年企业竞争力的多元回归分析结果,模型的拟合优度 $R^2 = 0.494$,表示在该回归关系中,因变量的 49.4% 的变异可以由自变量解释,接受回归,拟合效果较好；F 统计量检验通过了 1% 显著性水平,表明模型整体显著,说明企业竞争力与企业缴纳的流转税税额有显著的线性关系。流转税税额、企业规模、企业年龄的回归系数为正，企业资本结构的回归系数为负，与前文分析相符合。

根据 2010 年企业流转税税额与 2013 年企业竞争力的多元回归分析结果，模型的拟合优度 $R^2 = 0.481$，表示在该回归关系中，因变量的 48.1% 的变异可以由自变量解释，接受回归，拟合效果较好；F 统计量检验通过了 1% 显著性水平，表明模型整体显著，说明企业竞争力与企业缴纳的流转税税额有显著的线性关系。流转税税额、企业规模、企业年龄的回归系数为正，企业资本结构的回归系数为负，与前文分析相符合。

根据 2010 年企业流转税税额与 2014 年企业竞争力的多元回归分析结果，模型的拟合优度 $R^2 = 0.411$，表示在该回归关系中，因变量的 41.1% 的变异可以由自变量解释，接受回归，拟合效果较好；F 统计量检验通过了 1% 显著性水平，表明模型整体显著，说明企业竞争力与企业缴纳的流转税税额有显著的线性关系。流转税税额、企业规模、企业年龄的回归系数为正，企业资本结构的回归系数为负，与前文分析相符合。

根据 2010 年企业流转税税额与 2015 年企业竞争力的多元回归分析结果，模型的拟合优度 $R^2 = 0.812$，表示在该回归关系中，因变量的 81.2% 的变异可以由自变量解释，接受回归，拟合效果较好；F 统计量检验通过了 1% 显著性水平，表明模型整体显著，说明企业竞争力与企业缴纳的流转税税额有显著的线性关系。流转税税额、企业规模、企业年龄的回归系数为正，企业资本结构的回归系数为负，与前文分析相符合。

根据 2010 年企业流转税税额与 2016 年企业竞争力的多元回归分析结果，模型的拟合优度 $R^2 = 0.799$，表示在该回归关系中，因变量的 79.9% 的变异可以由自变量解释，接受回归，拟合效果较好；F 统计量检验通过了 1% 显著性水平，表明模型整体显著，说明企业竞争力与企业缴纳的流转税税额有显著的线性关系。流转税税额、企业规模、企业年龄的回归系数为正，企业资本结构的回归系数为负，与前文分析相符合。

根据 2010 年企业流转税税额与 2017 年企业竞争力的多元回归分析结果，模型的拟合优度 $R^2 = 0.809$，表示在该回归关系中，因变量的 80.9% 的变异可以由自变量解释，接受回归，拟合效果较好；F 统计量检验通过了 1% 显著性水平，表明模型整体显著，说明企业竞争力与企业缴纳的流转税税额有显著的线性关系。流转税税额、企业规模、企业年龄的回归系数为正，企业资本结构的回归系数为负，与前文分析相符合。

③企业缴纳的流转税税额与企业竞争力混合截面数据的回归分析。前文回归分析研究的是 2010—2017 年各年企业缴纳的流转税税额对企业竞争力的影响，使用的是各年份的截面数据，未涉及时间因素。因此，为了全面考虑时间和截面因素，进一步研究企业缴纳的流转税税额对企业竞争力的影响，本章将使用混合截面数据进行回归分析，如表 2.13 所示。

表 2.13　企业缴纳的流转税税额与企业竞争力混合截面数据的回归分析

变量	企业竞争力得分
流转税税额（CCT）	0.0145***
	(0.00166)
企业规模（SIZE）	0.128***
	(0.0206)
企业年龄（AGE）	0.00265
	(0.00410)
资本结构（LEV）	-0.00564***
	(0.00156)
常数项	-2.744***
	(0.447)
观测量（个）	360
R^2	0.500
调整 R^2	0.494
F 统计量	88.76
模型 P 值	0.000

注：括号中为标准差；*** 表示在 1% 的水平上显著。

从表 2.13 可以得知，模型的拟合优度 $R^2 = 0.500$，表示在该回归关系中，因变量的 50.0% 的变异可以由自变量解释，接受回归，拟合效果较好；F 统计量检验通过了 1% 显著性水平，表明模型整体显著，说明企业竞争力与企业缴纳的流转税税额有显著的线性关系，假设进一步得到了验证。

2.3.5 实证结果分析

通过以上实证分析，可以对企业流转税税额与企业竞争力关系进行总结，得出结论为：企业的流转税税额确实会对企业竞争力产生一定的影响，具有显著的正相关关系，且影响具有滞后性。

根据相关性分析结果，在企业缴纳的流转税税额与企业竞争力的相关性分析中：2010 年企业流转税税额与 2011—2017 年的企业竞争力均在 1% 显著性水平上呈正相关，相关系数基本呈递增趋势；2011 年企业流转税税额与 2012—2017 年的企业竞争力均在 1% 显著性水平上呈正相关，相关系数基本呈递增趋势；2012 年企业流转税税额与 2013—2017 年企业竞争力均在 1% 显著性水平上呈正相关，相关系数基本呈递增趋势；2013 年企业流转税税额与 2014—2017 年企业竞争力均在 1% 显著性水平上呈正相关，相关系数基本呈递增趋势；2014 年企业流转税税额与 2015—2017 年企业竞争力均在 1% 显著性水平上呈正相关；2015 年企业流转税税额与 2016 年、2017 年企业竞争力均在 1% 显著性水平上呈正相关；2016 年企业流转税税额与 2017 年企业竞争力在 1% 显著性水平上呈正相关。由此可见，企业缴纳的流转税税额对企业竞争力的影响具有滞后性。

根据多元回归分析结果，不管是当期流转税税额对当期企业竞争力、当期流转税税额对后期竞争力，还是对混合截面数据进行的分析，本章构建的回归方程的拟合效果均较好，模型的显著性较高，结果均显示企业缴纳的流转税税额与企业竞争力的关系是显著正相关的。这一结论与前文预期基本相符，说明企业缴纳的流转税税额越多，企业的竞争力水平越高。

根据当期企业流转税税额与后期企业竞争力的回归分析结果，本章研究发现，2010年企业流转税税额与2011—2017年企业竞争力的回归系数均为正，且呈逐渐递增趋势，并所有回归分析均通过了显著性检验，进一步验证了企业流转税税额对企业竞争力的影响具有滞后性。

经过一系列分析验证，得出结论：企业流转税税额与企业竞争力呈显著正相关关系，且企业当期流转税税额对后期企业竞争力有滞后效应。根据前文分析，建筑业营改增会使企业税负加重，使流转税税额也随之增多，从而验证了本章的假设2.1和假设2.2。最终，得出本章结论：建筑业营改增会增强企业竞争力，并且对竞争力的影响具有滞后性。

2.4　关于企业竞争力的研究结论

本章通过研究建筑业营改增对企业竞争力的影响，期望得出建筑业营改增可以增强竞争力的结论，从而在理论上验证了建筑业实行营改增政策的可行性与必要性。随后，对我国建筑行业的发展状况及我国建筑业企业竞争力的现状进行分析，并从企业规模、效率、成长性这三方面对建筑业营改增对企业竞争力的影响进行了理论分析，进而提出本章假设。最后，采用实证分析方法，验证假设并得出本章结论。本章主要结论如下：

从理论分析的角度得出建筑业营改增可以从企业规模、效率、成长性三方面促进企业竞争力不断提升。因此，企业应当积极主动地配合国家实施建筑业营改增政策。从实证研究的结果来看，建筑业营改增会提高企业的竞争力水平，并且对企业竞争力的影响具有滞后性。本章对2010—2017年各年样本企业的截面数据进行回归分析，得出结论：建筑业营改增与当期企业竞争力正相关。由于建筑业营改增对竞争力的影响可能会有滞后效应，因此本章改变分析的样本，分析了建筑业营改增对后期企业竞争力的影响，研究发现，建筑业营改增与企业当期竞争力有正相关关系，同时也会对企业后期的竞争力产生积极影响，并且这种联系较前者而言更为密切。最后，本章综合考虑时间和截面两方面因素，使用混合截面数据进行回归分析，回归结果显示，建筑业营改增会显著增强企业竞争力。

综上所述，尽管建筑业营改增会加重企业税负，但会提升企业竞争能力，并且对后期企业竞争力也有积极影响。因此，对建筑业实施营改增政策是十分必要的。

第 3 章
建筑业营改增对企业技术进步的影响

3.1 文献综述及相关理论

3.1.1 企业技术进步的相关文献

技术创新经济学在 1912 年诞生于 J. A. Schumpeter 等人的理论研究中，此后，该领域的研究一直是现代创新管理学和创新经济学的重点研究领域之一。J. A. Schumpeter 认为技术进步的三个构成阶段分别是：技术发明、技术创新和技术创新扩散。第一个阶段的技术发明成功实现后有两个去向：一部分可以通过实际应用转化为生产力，J. A. Schumpeter 称之为第二阶段，即技术创新；另一部分作为技术成果继续存在，是后来学者研究的基础。在前者中，第一次被应用而转化为现实生产力的部分，称作"初阶技术创新"。随着技术应用产生的经济利益越来越大，相应的风险随之减少，市场上供不应求，在资本的驱使下技术创新被越来越广泛地应用，从而实现 J. A. Schumpeter 所谓的第三阶段技术创新扩散。综上所述，在技术发明、技术创新和技术创新扩散中，从上一个阶段过渡到下一个阶段的过程称为技术进步。目前，不管是国际学者还是国内专家，对于技术进步理论和实践研究的探索都取得了丰硕的成果。当前，西方对企业技术进步研究的重点包括微型企业的技术进步、技术进步如何落地、技术进步激励体系建设问题等。与西方相比，我国技术进步研究的重点主要包括企业自身的自主创新、"走出去"企业的技术能力提高、国家创新系统建设与国际创新系统建设、知识密集型服务业创新能力研究等。

追根溯源，西方对于创新能力的讨论兴起于 20 世纪 80 年代，当时第三世界国家大量引进西方技术，在这一过程中引进方如何获得自主创新技术成为研究重点。后续主要观点及提出者如表 3.1 所示。

表 3.1　　　　　　　　西方企业技术进步主要观点

提出者	观点	文献评述
M. Burgelman 和 A. Maidigue	所有支持企业技术进步战略的实现，且体现出企业特性的定义为企业创新能力	一方面，该定义具有一定的借鉴意义，创新性地从战略管理的角度对该概念进行分解解释；另一方面，该定义太过抽象，难免有含糊之嫌，因为还可列举出如制度创新能力、文化创新能力等其他创新能力
D. C. Barton	关键在于四点：掌握核心技术知识的人力、技术载体即技术硬件系统本身、内部控制和企业文化	一方面，该定义具有一定的可取之处，其直接揭示了技术进步能力的关键内容；另一方面，该定义内容涵盖太广，显得笼统单一
Bergsten	是指所有可利用的资源，通过对竞争对手的了解和对内部外部环境的掌握，从而整合公司可利用的资源，调试合理的组织结构，制定开拓性战略	此定义从组织行为学的角度分析，角度比较新颖

此外，世界银行等组织以及个人学者如 Fransman、Steward、Dore、Desai 和 Katz 等也在前人的基础上对企业创新能力进行了更为深入的研究，获得了更为丰富的研究成果。即便如此，国外关于技术进步能力的研究在学界还未形成统一的理论，对于该领域的研究还有诸多空白，需要进一步研究分析。与此同时，随着定量研究的兴起以及技术进步在各国经济管理方面的重要性日益凸显，国外学者在确定技术进步能力评价指标方面也做出了诸多努力，但至今仍没有一套公认成熟的评价体系。

关于西方技术进步指标体系的主要观点和提出者如表 3.2 所示。

表 3.2　　　　　　　　西方技术进步指标体系主要观点

提出者	主要观点
Scherer	不同行业不同方面的技术进步应该采用不同的评价指标，因为技术进步的实现途径各不相同，创新过程也日新月异
Shapiro. S. M	在"永续创新"一文中从动力来源和要素构成两个方面探索研究创新能力
Clark K	从产品创新能力和工艺创新能力两个方面度量。其中，前者是企业创新产品、产品质量提升和生产效率提升三方面研究综合体现的研究工艺；后者是企业研究开发的产品试生产，小批量生产到大批量生产综合的开发工艺
Bettina Von Stamen	在《创新力》一书中从影响因素和实现途径两个方面探讨创新能力
Larry E. Westphal、Burgelman 和 D. L. Barton 等	从构成内容着手，阐述了不同情况下企业创新能力的含义及组成

20 世纪 70 年代中后期，我国技术进步经济学的研究开始兴起。在有计划的商品经济条件下，我国经济管理学界和科技界开始意识到技术进步的重要性，并着手研究企业技术进步的战略和政策。我国学界认为企业技术进步的能力，是企业技术进步中"才能""技能""知识"三者的有机结合。具体如表 3.3 所示。

表 3.3　　　　　　　　我国技术进步评价指标主要观点

提出者	主要观点
傅家骥等	1992 年，提出以创新能力六要素（包括创新资源投入等）作为评价的主要指标，对技术进步从投入和产出两个角度进行研究
白俊红等	2008 年，根据"近可分解"原则，从技术进步的实现过程着手建立评价指标体系的初始模型，结合多因子分析模型，精简冗杂的处置评价指标体系，使其成为若干个重要却各自独立的指标，根据最终的公因子确定适用于目标企业且针对性较强的技术进步评价指标体系
田依林	2009 年，基于评价指标体系基本原则，通过德尔菲专家法搜集各个专家对于企业技术进步能力各指标的意见，结合 Saaty 1-9 标度法对指标进行量化计算，判断矩阵中各个指标的相对权重，最终通过对判断矩阵的一致性检验，建立企业技术进步评价指标体系模型

就目前而言，理论研究中关于技术进步的定义有狭义和广义两个维

度。其中，狭义的技术进步只包含技术发生的直接进步，主要由技术进化和技术革命两个部分组成。前者是指单个旧技术或者旧技术体系在数量上或涵盖范围的变化，以及在旧规则下实现新技术或技术体系的升级，例如黑色照片到彩色照片的进化；后者是指单个旧技术或者旧的技术体系在质量上发生飞跃，例如瓦特发明的蒸汽机。广义的技术进步概念，是基于古典经济增长理论产生的概念。凡是经济产出中无法用资本和劳动等投入要素解释的所有要素，包括制度因素、社会文化因素、自然条件因素等一些非技术性的因素，均属于技术进步的范围。本章研究的技术进步概念属于广义的技术进步范围。

3.1.2 营改增对建筑业技术进步影响的理论分析

增值税作为一种被世界各国广泛采用的"良税"，已经被140多个国家使用和推广。营改增税制改革一方面是同国际通行做法接轨的重要举措，另一方面也是我国在"十二五"和"十三五"期间保质保量实现的税改目标。在这样的国际和国内大背景下，将增值税全面推广到建筑行业，一方面可以给企业自身带来降低税负的福利效应，另一方面也为建筑行业实现转型升级和可持续发展提供重要契机。理论上，营改增可以通过以下作用机制促进供给侧结构性改革，从而对建筑业企业技术进步产生影响：

（1）降低企业成本，推动行业发展。李克强总理在2016年"两会"之际强调，营改增改革保证全行业税负只降不增。尤其是2016年5月1日营改增全面推开以后，直接带来了5 000亿元的减税，这对企业降成本可谓是立竿见影的支持。降低企业成本是激发市场活力、提高全要素生产率的重要一环。因此，营改增促进了供给侧结构性改革，从而给社会经济发展带来了乘数效应。增值税发票抵扣制度有利于实现产业的上下游整合发展。营改增前购进原材料和固定资产等增值税进项税额无法得到有效的抵扣，而且由于建筑业庞大复杂的行业特性决定了行业中间抵扣链条很难保证其完整性，直接造成建筑业企业更愿意选择出价较低的材料供应商的现象，极易产生"劣材驱逐良材"的局面，行业内部恶性竞争的局面无法从根本上保证建筑产品质量是毋庸置疑的。

由于增值税抵扣制度是以增值税发票为依据进行环环抵扣，11%抵扣率直接将"是否可以获得有效可抵扣的增值税专用发票"作为建筑供应商选择的重点考虑因素，从而间接改善目前大型且有质量保障的材料供应商企业长期处于价格劣势的局面，最终建筑产品的质量也能得到可靠的保证，整个行业的质量水平也会得到提高，有效地规范了建材供应市场。此外，有效的增值税发票作为桥梁使整个产业形成一个完整的抵扣链条，从而相应地形成一个完整的信用链条，这有利于上下游企业之间的强强联手和资源整合，从而推动整个建筑行业的长远健康发展。

（2）将不动产纳入抵扣范围，促进有效投资。供给侧结构性改革是"十三五"时期我国企业面临的重要改革。建筑业在营改增之前形成服务生产的内部化，不仅不利于产业的分工细化，对企业结构调整也造成了障碍，阻碍了供给侧结构性改革的开展。营改增全面推开后，新增和在建不动产纳入进项可抵扣范围，极大地鼓励了建筑业企业对旧设备的改造升级，有利于促进有效投资，促进建筑业企业技术进步，提升企业盈利能力，激发市场活力，从而促进企业商品和服务的结构调整。营改增结束了两税并存的局面，扫除了企业创新路上的税负障碍，企业可以将更多的精力放在做大做强、完善内部管理机制上，从而引导房地产行业在设计和建设、混凝土和钢结构等方面专业化企业的产生，形成一批具有国际影响力，且能在国际上占据一席之地的中国企业。

（3）消除重复征税，促进企业创新。营改增全面推开有利于消除重复征税，实现税制优化。增值税作为价外税，可以实现价税分离，进一步发挥市场的资源配置主导作用，真正反映市场供求状况，即增值税税制本身可以促进产品创新。第二产业、第三产业的抵扣链条将彻底打通，有利于进一步缓解经济供给结构扭曲脱节问题。建筑业作为国民经济中重要的组成部分，实现供给结构调整对于建筑业企业专业化、分工细化和技术进步起到了催化作用。消灭重复征税可以鼓励企业技术升级和设备更新。建筑业实行营改增后，企业购进的高新技术固定资产可以获得增值税专用发票，其进项税额在采购当时就可以获得一次性抵扣，从而极大地鼓励了企业加大投资高科技生产设备。这不仅可以提高企业生产设备的科技含量，提高企业生产和管理效率，还可以推动建筑业产业升级。众所周知，劳务作业的投入产出比很低，但是却占据了建筑业增加值的大部分。建筑业要实现可持续发展,就需要尽快从劳动密集型的发展方式转变为技术密集型的发展方式,而营改增后增值税税收政策将会极大推动企业技术进步。

(4) 倒逼企业改革,实现财务规范。对建筑业企业来说,营改增的减税并非是毫无"耕耘"就可以"坐享其成"的。基于增值税的作用机制,从长期来看,营改增必定促进财务管理规范、建筑业企业的税负下降。企业必须实现自身变革,倒逼自身完善现代企业制度,实行科学规范的经营管理,完善内部控制,才能最大限度享受改革红利。增值税税制有利于冲击现有管理体制,实现企业转型升级。随着我国对外开放、对内改革,我国建筑业企业的内部管理机制发生了翻天覆地的变化,这极大地激发了企业的活力,也刺激了行业快速发展。然而,建筑行业粗放型的增长模式,导致目前仍然存在许多诸如"以包代管"的管理模式下的项目,这些弊端不仅降低了企业的管理效率,更是直接制约企业"边做强边做大"。我国建筑行业采用资质管理方式,因此存在"内部承包""挂靠"等现象,极大地阻碍了建筑业企业对自身资源的整合,使总公司无法有效整合项目资金,企业运营效率低下。营改增打破了建筑业企业现行的管理体制,迫使企业由粗放型的经营方式向精益型的管理方式转变。同时,增值税与国际接轨,有利于国内建筑业企业提供的商品和服务更好地"走出去"。由于国际上建筑业实施的大多是增值税征收办法,我国实行建筑业营改增后,建筑业税制与国际接轨,一方面有利于建筑业细化分工,上下游企业整合资源,做大做强,从而提高我国大型建筑业企业的国际竞争力;另一方面也有利于国内外建筑业企业互相抱团,帮助我国建筑业企业"走出去",形成一批具有国际竞争力并具备国际化水平的建筑业企业。

综上所述,建筑业营改增可以促进供给侧结构性改革的开展,提高企业的全要素生产率,从而促进建筑业企业的技术进步。无论是税负的直接下降促进企业技术进步,还是通过税制优化倒逼企业改革间接促进企业技术进步,从长远来看,对于财务管理规范的建筑业企业,营改增给其带来了"福音"。然而,前提是企业需要一个规范的财务制度,运行通畅的内部控制制度可以帮助企业解决短期进项税额抵扣不足的问题,从而实现营业税和增值税两税总额的下降,促进企业技术进步。

3.2 对建筑业企业技术进步的评价与全要素生产率

3.2.1 对建筑业企业技术进步的评价

技术进步是连接科技与经济的重要桥梁、实现科技转化为生产力的重要过程。技术进步不仅可以提高企业运营效率，在保质保量的前提下缩短项目工期，还能降低作业成本。如何及时把握企业技术进步的动态，实现企业技术进步的能力不断提高，是一个重要的课题。

住房和城乡建设部通过若干指标确定企业的资质实现等级资质管理，这是当前我国建筑业企业技术含量的核心评价方式。企业的现状直接对应指标级别，从而决定企业的施工资质等级，施工资质等级又直接限制了企业项目的经营范围。毋庸置疑，资质管理的评价方式曾经在改革开放之前保障了建筑行业的经济秩序，是国有财产安全的利器，在历史上发挥了不可忽视的作用。但是，在市场经济体制下，尤其在加入世界贸易组织（WTO）以后，资质管理的评价方式成了我国建筑业企业在国际竞争中乏力的原因和行业发展的制约。

究其原因，有以下三点：第一，企业的注册资金作为企业成立之初的一项静态指标，加上货币的时间价值，并不能客观反映企业真实的资产状况，尤其是体现企业技术进步的固定资产状况，如企业的技术装备水平。第二，企业的年产值的波动较大，随着经济全球化，我国建筑业企业在"走出去"的过程中，受到的国际环境影响日益增强。此外，我国正处于并将长期处于社会主义初级阶段，波动的国内经济政策将对企业年产值产生较大影响。第三，各级技术人员职称比重仅是评价建筑业企业在某一时刻的人力状况的静态指标，并不能客观地体现企业技术水平。综上所述，企业的资质等级这一静态的评价指标不能科学动态地反映企业的技术进步现状和潜力，政府和企业都急需一套完整、客观且能体现建筑业企业特点的评价体系，从而科学评价建筑业企业技术进步的能力，完善企业技术进步工作。

在经济全球化的大背景下，在中国进一步打开国门对外开放的今天，一国的国际竞争力在很大程度上体现为国家的经济实力，而科学技术又是第一生产力，因此技术进步能力是企业之间竞争的重要内容，更是国与国之间竞争的重要指标。

通过技术进步评价实现建筑业企业技术进步工作的实时反馈和及时完善，是提高我国建筑业企业的竞争力的重要手段。其深远意义主要体现在以下四个方面：第一，有利于企业挖掘成长潜力，提高企业运营效率和经济效益。一方面，我国作为世界上最大的发展中国家，建筑市场潜力很大；另一方面，我国正处于并将长期处于社会主义初级阶段，该阶段由于各种生产要素能量充分释放，边际技术替代率较高，每增加一个单位生产要素，企业核心竞争力及经济效益就可以得到显著提高。因此，建立科学动态的可视化的企业技术进步指标体系可以帮助企业通过与行业及全国平均水平、领先水平技术进步指标的横向比较，寻求自身的市场定位，从而更好地将企业潜力转化为生产力，是建筑业企业自我变革的有力工具。第二，有利于企业提高管理水平。企业技术进步指标体系涉及产品研发、产品采购、产品生产、产品销售、人力资源、财务管理、企业战略、企业制度等方方面面。企业管理水平高低与技术进步成效之间是相辅相成、相互依赖的关系，企业通过与行业内的标杆企业进行横向对比，寻找差距和不足，从而有针对性地提高企业自身的管理水平。第三，有利于为企业经营决策提供依据。随着我国进一步对外开放，尤其是在国家提出"一带一路"倡议后，适逢建筑业走出国门的黄金时期，企业可以以国内外同行业的技术评价排名结果为依据，结合自身发展战略确定市场定位，走出国门参与国际竞争。第四，有利于住房和城乡建设部根据评价结果加强对行业技术进步现状的了解，联合其他政府部门如财政部、国家税务总局等结合实际情况，有针对性地制定相关政策，帮助整个行业进一步健康发展，打造更加适合建筑业企业技术发展的经济环境。

目前国内学者对于建筑业企业技术进步评价指标体系主要总结如下：

（1）2001年，针对中国建筑工程总公司，哈尔滨工业大学和中国建筑工程总公司曾经联合提出如图 3.1 所示的评价方式。

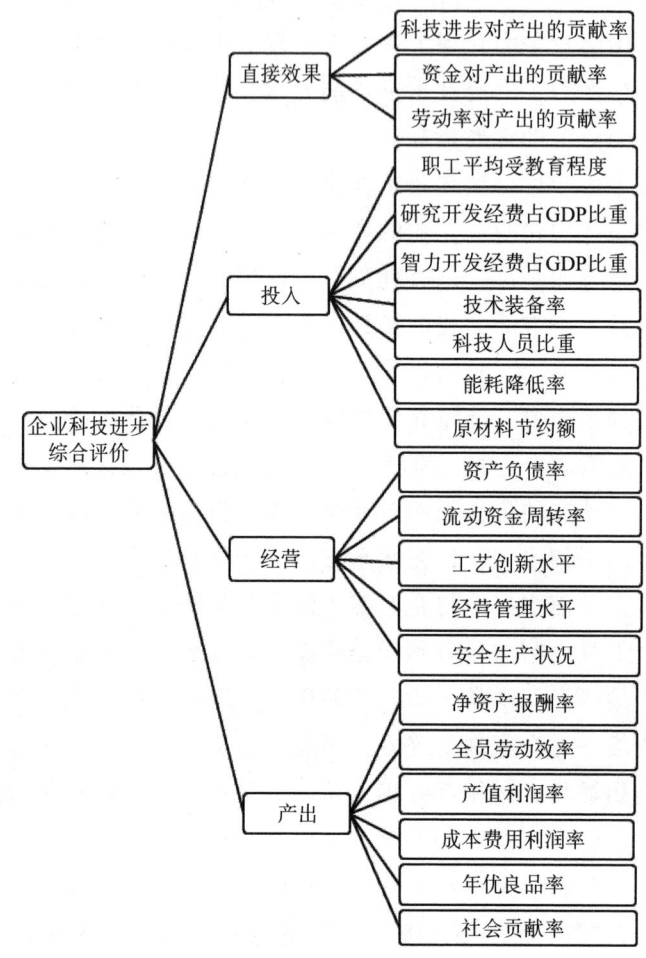

图 3.1　企业科技进步测评指标体系

该评价指标体系以企业科技进步贡献率为关键指标。总体可以分为 3 级，分别对应综合评价的 4 个方面和 21 项具体的定量统计和专家定性判断指标。21 项指标形成的评价体系看似庞大，其实许多指标之间存在相关关系。除了有关直接效果的 3 项指标以外，其他的 18 项指标，多数中两两之间是相关的，有些实际操作性不强，很难进行评价。其中"净资产报酬率"和"全员劳动效率"是评价企业技术进步的必要指标，也是本章在实证研究部分重点涉及的变量。

（2）2004年，中国建筑科学研究院对大型综合性建筑承包企业技术进步的评价提出如图3.2所示的评价指标体系，总计为5项一级指标、13项二级指标和41项三级指标。

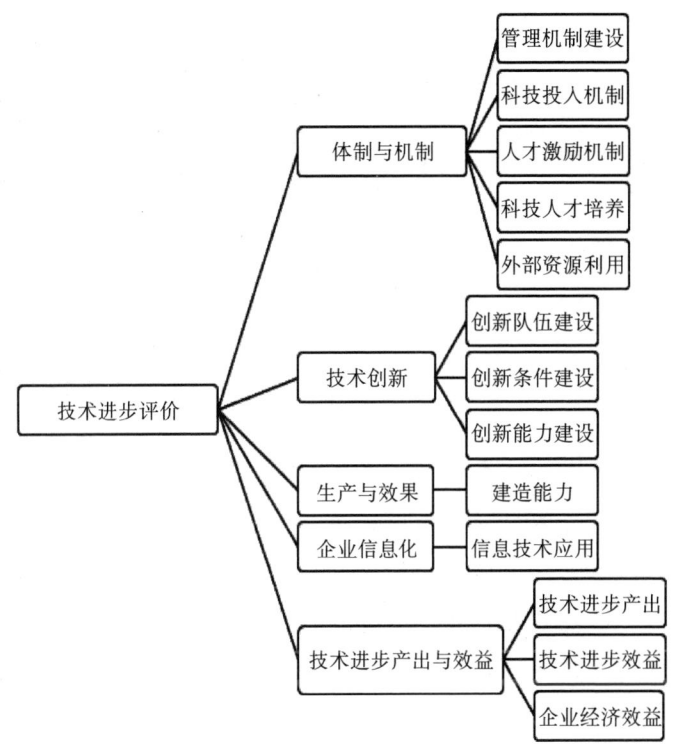

图3.2　大型综合性建筑承包企业技术进步评价体系

（3）2006年，针对施工总承包企业的技术进步评价，中国建筑科学研究院又提出了如图3.3所示的评价指标体系。总体与（2）相差不大，具体分为3个层次，分别对应4项一级指标、16项二级指标和41项三级指标。

该评价体系很全面，对三级指标设置了明确且可量化的分值，易于操作和打分。但三级具体指标多达41项，这个数目是2001年哈尔滨工业大学针对中国建筑工程总公司提出的企业科技进步指标体系的2倍。技术进步产出的二级指标包括"十项新技术"示范工程数量、工程项目达到的水平、参与规范标准制定情况、获得的专利数量、新批准的工法数量和企业技术标准完善程度、获得的奖项数量等7项，基本上是技

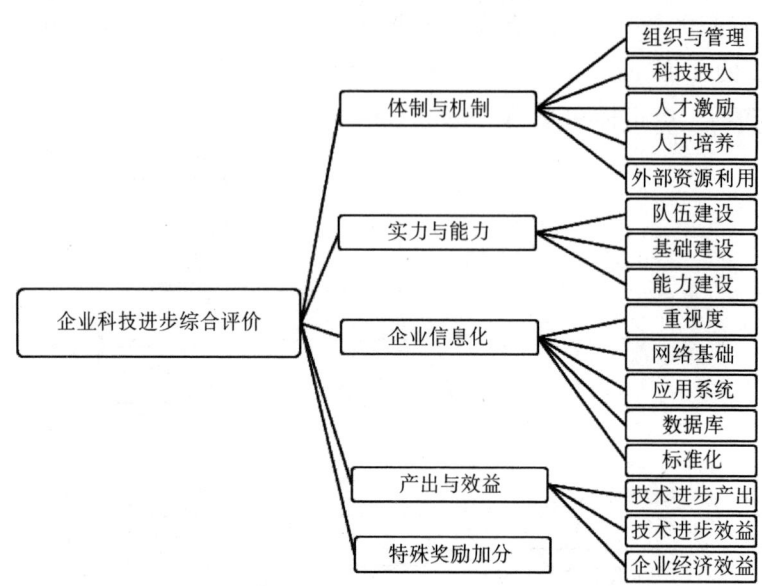

图 3.3　施工总承包企业技术进步评价指标体系

术进步的表现，而不是技术进步的产出。

（4）2006 年，中国建筑设计研究院的叶耀先站在巨人的肩膀上，提出规模较大的建筑业企业技术进步可按表 3.4 进行评价，其他建筑业企业应具体问题具体分析。对建筑业企业的技术进步采用评价指标体系进行评价很有必要，但指标应尽量同技术进步本身直接挂钩，即指标数量应尽可能精简，以便于实际操作。

表 3.4　　　大型建筑施工企业技术进步评价体系

序号	指标	企业实际指标值	分值
1	技术进步共享率（%）	比上期提高 1.5 个百分点以上	20
		比上期提高 1.0 个百分点	18
		比上期提高 0.5 个百分点	16
2	研究开发投入占总产出的比重（%）	≥2.5	10
		≥1.0	9
		≥0.2	8
3	能源消耗降低率（%）	≥20	10
		≥10	9
		≥5	8

续表

序号	指标	企业实际指标值	分值
4	产值利润率（%）	比上期提高0.5个百分点以上	10
		比上期提高0.3个百分点以上	9
		比上期提高0.1个百分点以上	8
5	人均竣工建筑面积（平方米/人）	比上期提高10%以上	10
		比上期提高5%以上	9
		比上期提高3%以上	8
6	人均利润（元/人）	比上期提高10%以上	10
		比上期提高5%以上	9
		比上期提高3%以上	8
7	科技活动人员占职工总数的比重（%）	≥10	10
		≥5	9
		≥2	8
8	技术业绩	承担工程、获奖、推广和应用新技术成绩突出	10
		承担工程、获奖、推广和应用新技术成绩较大	6
9	技术进步规划与管理	领导重视，有全面规划和良好管理体系	10

注：科技活动人员系指直接从事研究与发展（R&D）、R&D成果应用及相关的科技服务等三类活动，以及科技活动管理和为科技活动提供直接服务的人员。

3.2.2 全要素生产率

3.2.2.1 供给侧结构性改革

供给侧结构性改革，是指立足于供给质量的改善，通过改革手段整合资源配置的结构调整，既满足经济可持续发展的要求，又使总供给更加符合人民群众的需求，通过提高全要素生产率，实现供给侧带动需求侧的目的。然而，供给侧结构性改革并不是简单地在数量上减少供给，其最关键的一步就是要提高全要素生产率。

在宏观视角下，供给侧结构性改革就是通过调整要素结构从而提高供给质量，实现全要素生产率的提高，即资本投入、劳动力资源和技术进步三大生产要素在生产力提高的过程中充分发挥作用。在微观视角下,地方政府和企业在落实供给侧结构性改革政策、打通"最后一公里"的时候,应该充分体会中央精神,同时结合地方、行业和企业自身的实际情况有针对性地选择去产能、去库存、去杠杆、降成本、补短板等供给侧结构性改革的工具,通过调整供给侧,激活存量需求,或提高到合理需求,或维持已饱和需求等不同情况。

供给侧结构性改革下的各种经济政策选择中,重要内容之一就是"实行减税政策"。早在 2008 年,为应对金融危机,我国开始通过营改增进行结构性减税。然而,由于营改增不论是涉及行业还是试点地区,影响都十分广泛而深远,结构性调整不是一蹴而就的,我国企业的总体税负仍然不轻,2016 年全面推开的"四大行业"的营改增证明减税仍有空间。利用营改增的手段进行结构性减税,不仅可以通过发票抵扣制度降低税法遵从成本,还可以通过降低税负直接改善目前企业"不逃税步履维艰,生存艰难"的尴尬境地。自 2016 年 5 月 1 日起,我国在建筑业、房地产业、金融业和生活服务业四个行业全面推开了营改增,完成营改增的收官之战。同时,适当选择了部分地区作为试点率先开展水资源"费改税"工作,并完成了环境保护税的立法工作,接下来我国还进一步完成了个人所得税的改革。除了结构性减税等政策,李克强总理还要求通过"简政放权"的方式全面清理相关税费,完善政府收费监管机制,从而实现"降成本",最终实现政府的宏观调控,"不做运动员,做好裁判员"。在政府为社会企业提供公平健康经营环境的各种手段中,降低税负作为最直接的方式,不仅可以激发企业活力,更能涵养税源回馈社会。

3.2.2.2 全要素生产率

全要素生产率作为衡量经济增长和技术进步的指标,自问世起就备受经济学家欢迎。对于全要素生产率的研究经历了由 20 世纪六七十年代的发达国家向 20 世纪 80 年代的发展中国家过渡的阶段。在西方,代表性研究有 Solow(1957)、Dension(1967)、Jorgenson 和 Griliches(1967)。在以发展中国家为主的亚洲国家,则在 20 世纪引进外国技术进行自身技术升级时,注重以全要素生产率及其增长率为核心指标评价整体经济的技术进步水平。全要素生产率从经济增长问题中来,并随之不断发展壮大。这些理论虽然从一个或几个侧面对经济增长的根本原因及内生机制进行了分析，但在定量测算方面却略显乏力。对于全要素生产率的定义范围，不仅包括技术进步本身对经济增长的影响，还包括其他所有无法确定的因素，如结构因素、制度因素对经济增长的贡献。因而新古典经济增长理论中全要素生产率包含了技术进步之外的更为丰富的内容。因此理论上，只有从该定义下的全要素生产率中剔除结构因素和制度因素等不确定因素，才能更加真实客观地反映单纯的技术进步本身。经济增长的影响因素分类如图 3.4 所示。

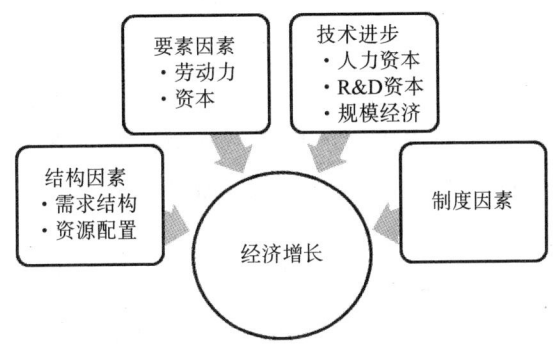

图 3.4 经济增长的综合因素分析框架

要素因素：劳动力投入要素的增加和资本投入要素的增加；

技术因素：硬技术（以有形资本为载体）和软技术（以劳动者为载体）；

结构因素：由于企业内部部门之间边际生产率差异和企业外部需求结构变动，从而产生的资源重新配置带来的影响；

制度因素：由于企业外部市场竞争机制、内部激励机制和内外部制度安排的合理性带来的经济效率的提升。

20 世纪 20 年代西方开始通过定量方法研究经济增长问题。1928 年，美国经济学道格拉斯（P. H. Douglas）与著名数学家柯布（C. W. Cobb），通过研究美国 1899—1922 年制造业的资料和数据后指出：劳动和资本是生产投入要素中主要的贡献要素。在此基础上，诞生了著名的"柯布—道格拉斯生产函数"，该理论首次将经济和数学与建立模型的方法引入投入产出的研究分析，结束了抽象理论分析一枝独秀的局面，开启了理论研究结合实际生产经验性研究的新局面。由于"柯布—道格拉斯生产函数"存在仅能进行静态描述等局限性，在分析技术进步的动态作用时候显得乏力。1942 年，荷兰学者丁伯根（J. Tinbergen）第一次提出全要素生产率，即在资本投入要素和劳动投入要素函数中纳入时间维度（代表"效率水平"），从而使技术进步的测算成为可能。1957 年，诺贝尔经济学奖获得者索洛（Robert Merton Solow）汲取道格拉斯和丁伯根的主要有价值观点，将技术进步变量纳入生产函数中，建立数量模型探索产出增长率、投入要素（劳动和资本）增长率和全要素生产率的三者之间的关系，第一次实现定量计算技术进步，形成了通常所说的全要素生产率含义。而乔根森（D. W. Jorgenson）将资本投入要素和劳动投入要素的增长进一步细化分解为"量"的增量和"质"的提升，根据投入的质量变化和价格变化对投入数据进行修正。同时，在总体和局部两个层次上采用超越对数生产函数定量计算全要素生产率。

目前，技术进步的研究在西方是一种发展较为成熟的实证研究，已经有诸如随机前沿生产函数（Frontier）和数据探索性分析（EDA）等专门的数据分析软件用于处理分析。相比于采用"柯布—道格拉斯生产函数"的方法，用 Frontier 定量计算全要素生产率对数据的数量和精准度都提出了更加严格的要求，而我国正处于粗放式发展阶段，对于数据的搜集存在较大困难。因此，该方法在我国技术进步的实证研究的实用性不强，尚且处于理论概念阶段。

以全要素生产率为核心指标对中国经济增长问题进行定量研究在我国经济学界一度十分盛行。我国对于生产率的研究始于 20 世纪 50 年代，但对于生产率研究在相当长一段时间内仅仅局限于对劳动生产率的研究。直到 60 年代，我国学术界提出提高投资投入要素和劳动投入要素占比是提高经济产出的重要方式。20 世纪七八十年代，随着我国改革开放，中国学者更多地通过生产率研究我国经济增长问题，在借鉴国外研究和国人出国学习的基础上，国内相关研究逐渐丰富起来，尤其是针对中国经济问题采用以全要素生产率为核心指标的定量方法进行实证研究做了许多尝试，并取得了丰硕的成果。值得一提是，在 1993 年以来的中国经济增长中，技术水平即全要素生产率的年均增长率存在不升反降的现象。在《中国：投资、融资和经济增长》报告中，Freeman 讲座教授芮德俊等学者曾提及这一现象，但是并没有进一步探讨的结论，只是提出现实问题并不能仅仅依赖增长模型的计量得到回归结果。

综上所述，全要素生产率的增长率不等于全部要素的生产率，而是衡量除去所有如资本、劳动等有形生产要素以外的纯技术进步生产率的增长。由于纯技术进步生产率的增长包括了制度和结构要素，基于现阶段研究的局限性无法对制度要素和结构要素进行定量研究，本章的研究范围采用广义的技术进步，即包括制度和结构在内所有非劳动和资本要素带来的生产率增长的部分。基于对文献研究和实证研究的总结，本章认为全要素生产率不仅可以在一定误差范围内基本准确地衡量技术进步，还具备其他指标体系不具备的简便性和概括性的优越条件。因此，本章在实证研究部分将借鉴古典经济增长模型，采用企业产出与投入要素回归的定性研究方法，以及采用回归残差作为全要素生产率以衡量企业技术进步值。

3.3 对建筑业上市公司技术进步影响的实证研究

3.3.1 研究假设的提出

理论上，建筑业企业营改增后，企业的技术进步指标将受到如下影响：

（1）固定资产投资增加，促进企业技术进步。美国经济学家 Cutler 于 1998 年曾在理论上验证，企业在低税水平下进行技术投资可以降低成本，有利于企业技术进步。建筑业营改增后，外购固定资产由缴纳营业税改为进项税额抵扣，增值税纳税人还可以就外购劳务进行进项抵扣，企业税负下降后拥有更多经营性现金流可以进行固定资产更新改造和升级。企业的投资潮不仅能促进企业技术水平的提高，还能提升企业产品的技术含量以及产品附加值。因此，营改增可以通过鼓励投资，促进企业技术进步。

（2）降低建筑业企业税负，促进企业分工细化和技术进步。营改增将增值税的抵扣链条打通后，避免了重复征税问题，直接或者间接地降低了企业税负，增加了企业经营现金流，聚焦发展企业核心业务，助推企业进一步打破"大而全、小而全"的现状，从而对促进企业分工细化和技术进步具有重要意义。

（3）出口免退税延伸到技术服务领域，促进建筑业企业技术进步。实施营改增后，对技术转让和技术咨询等贸易服务实行出口免税，能够进一步增加企业技术投资，促进建筑业企业获得更大的技术进步。

对于建筑业营改增两税总额与企业技术进步的关系，本章提出假设3.1，而企业如何在此次增值税改革中获得实实在在的改革红利，本章提出假设3.2，当且仅当假设3.1与假设3.2同时成立时，建筑业营改增促进企业技术进步。

综合上述理论推导，本章提出如下总假设：建筑行业在实施营改增后企业将获得技术进步。该假设两个子假设（假设3.1和假设3.2）构成，本章将通过财务数据，采用实证研究的方法建立固定效应模型验证假设3.1。关于假设3.2，本章将通过定性研究方法，以建筑业企业是否规范为标准进行分类论证，并得出结论。

总假设 假设其他条件不变，建筑业营改增可以促进企业技术进步。

假设3.1 假设其他条件不变，两税总额降低加将促进企业技术进步。

假设3.2 假设其他条件不变，建筑业营改增将降低企业两税总额。

3.3.2 研究样本的设计

（1）研究样本的选取。本章按照中国证监会颁布的《上市公司行业分类指引（2012年修订）》第E类"建筑业"选取沪深两市上市公司作为研究样本，故只针对营改增对一般纳税人产生的影响进行分析。为考察营改增前后建筑业企业两税总额与技术进步的关系，对样本进行如下处理后得出研究样本（见表3.5）。

表 3.5　　　　　　　　　　　研究样本

序号	证券代码	证券简称	序号	证券代码	证券简称
1	000961.SZ	中南建设	25	300262.SZ	巴安水务
2	002051.SZ	中工国际	26	300355.SZ	蒙草生态
3	002060.SZ	粤水电	27	600039.SH	四川路桥
4	002062.SZ	宏润建设	28	600068.SH	葛洲坝
5	002081.SZ	金螳螂	29	600170.SH	上海建工
6	002135.SZ	东南网架	30	600248.SH	延长化建
7	002140.SZ	东华科技	31	600284.SH	浦东建设
8	002307.SZ	北新路桥	32	600463.SH	空港股份
9	002310.SZ	东方园林	33	600491.SH	龙元建设
10	002323.SZ	*ST百特	34	600496.SH	精工钢构
11	002325.SZ	洪涛股份	35	600502.SH	安徽水利
12	002375.SZ	亚厦股份	36	600512.SH	腾达建设
13	002431.SZ	棕榈股份	37	600528.SH	中铁工业
14	002482.SZ	广田集团	38	600545.SH	卓郎智能
15	002542.SZ	中化岩土	39	600820.SH	隧道股份
16	002586.SZ	围海股份	40	600846.SH	同济科技
17	002620.SZ	瑞和股份	41	600853.SH	龙建股份
18	002628.SZ	成都路桥	42	601117.SH	中国化学
19	002663.SZ	普邦股份	43	601186.SH	中国铁建
20	002713.SZ	东易日盛	44	601390.SH	中国中铁
21	002717.SZ	岭南股份	45	601668.SH	中国建筑
22	300055.SZ	万邦达	46	601789.SH	宁波建工
23	300117.SZ	嘉寓股份	47	601800.SH	中国交建
24	300197.SZ	铁汉生态	48	601886.SH	江河集团

①剔除数据缺失的样本。如，成立时间在研究期间的样本。

②剔除不利于实证研究的公司样本。如，息税前利润为负值的企业和两税总额为负值的样本。

③剔除存在异常值的公司样本。如，ST、*ST（退市风险警示）的上市公司和已退市的公司样本。由于财务状况存在异常，可能影响研究

结果的稳定性。

经过筛选剔除之后,将48家满足条件的上市公司作为本章的研究对象,以营改增试点时间2012年1月1日为基准,选取营改增试点前后共9年的数据,即2009年1月1日至2017年12月31日建筑行业上市公司的年报财务数据。

(2)数据来源。本章严格按照中国证监会颁布的《上市公司行业分类指引(2012年修订)》第E类"建筑业"选取样本,以营改增前后2009—2017年的A股建筑业上市公司作为研究对象,确定沪深两市上市的48家上市公司财务数据,总计428个样本。数据均来自Wind数据库,采用Excel和EViews10.0统计软件进行数据处理。

3.3.3 固定效应模型的构建

3.3.3.1 模型变量的选取

(1)因变量:技术进步。在实证研究中,全要素生产率增长率又称技术进步率,指的是当资本生产要素、劳动生产要素和土地生产要素(实际测算时忽略不计)的投入量保持不变时,生产力提升的部分,这部分就是本章研究的技术进步带来的生产力的提升。从经济学的视角看,全要素生产率就是剔除了资本、劳动和土地等投入要素以外的部分,然而客观地讲,该部分还包括其他尚未被识别以及无法测算的因素,因此只能相对测算技术进步的水平。本章全要素生产率测算主要借鉴了李捷瑜(2009)的研究方法:通过对"柯布—道格拉斯生产函数"进行回归,得到的残差就是全要素生产率,具体见式(3.2)。

(2)自变量:两税总额(T)(增值税和营业税两者之和)。据财政部税政司的统计,营改增之前,2008年国家流转税总额达到2.38万亿元,其中营业税与增值税之和占比超过80%,本章通过分析营改增前后营业税与增值税两税总额的变化研究营改增政策变化带来的影响。

(3)控制变量。

总资产周转率(EFFI):营业收入/年均总资产。总资产周转率是综合评价企业总资产的经营效率的重要指标。总资产周转率越大,说明总资产周转越快,经营效率越高,进行技术进步的可能性和规模越大。

企业规模(SIZE):企业职工总人数的自然对数。理论上企业的规模会对经营效果有重要影响。而企业职工总人数作为衡量规模的重要指标,数值一般较大,故将员工总数的对数进行标准化处理后作为企业规模的控制变量,可减弱模型中数据的异方差性。

企业年龄(AGE):企业成立年限的自然对数。所谓"企业的生命周期",是指企业导入、成长、成熟和衰退的过程。对应企业不同的生命周期,企业采取的发展战略不同,技术进步发展的方向和趋势也各不相同。

资产负债率(DEBT):期初总负债/期初总资产。资产负债率反映了企业的总资产中通过举债获得的比例,是评价企业偿债能力以及后续投资能力的重要指标。资产负债率指标越低,企业偿债能力越强且后续投入高新技术设备的能力越强,获得技术进步的可能性越大。

研发投入(INVE):无形资产净额/营业收入。研发投入对企业的技术进步产生直接影响,研发投入越大,企业获得技术进步的空间、程度和范围也越大。

盈利能力(EBIT):息税前利润/营业收入。盈利能力对于企业的技术进步的投入有着重要影响,企业盈利能力越强,对于技术的投入越大。

综上所述,本章根据学术研究的需要和变量实地选取的便捷性选取了如表3.6所示的因变量、自变量和控制变量进行研究。表中各个变量均来自企业的资产负债表、利润表、现金流量表及附注等财务报告,数据来源具有一定的可靠性。

表3.6 变量相关信息

	变量	数据索引
因变量	企业技术进步(lnTFP)	模型一回归残差的对数
	企业产出情况(lnZ)	利润表:营业收入的自然对数
	企业资本投入(lnK)	资产负债表:固定资产总值的自然对数
	企业劳动投入(lnL)	职工总人数的自然对数
	企业中间产品的投入(lnM)	现金流量表:购买商品和接受劳务支付的现金的对数
自变量	两税总额(lnT)	纳税申报表

续表

	变量	数据索引
控制变量	企业总资产周转率（EFFI）	资产负债表、利润表：营业收入总额/年均总资产额
	企业规模（lnSIZE）	职工总人数的自然对数
	企业年龄（lnAGE）	企业成立至年末总年限的自然对数
	企业资产负债率（DEBT）	资产负债表：负债总额/资产总额
	企业研发投入（INVE）	资产负债表、利润表：无形资产净额/营业收入
	企业盈利能力（EBIT）	利润表：息税前利润总额/营业收入总额 =（净利润+利息费用+所得税费用）/营业收入总额

3.3.3.2 实证模型的构建

为研究营改增对上市公司技术进步的影响，本章在理论研究的基础上，通过固定效应模型的定量分析方法对营改增前后的面板数据进行多元回归，如式（3.1）（模型二）所示，其中因变量技术进步指标通过模型一计算回归残差获得，如式（3.2）所示。

模型二：

$$\ln(TFP) = \beta_0 + \beta_1(\ln T) + \beta_2 EFFI + \beta_3(\ln SIZE) + \beta_4 \ln AGE + \beta_5 DEBT + \beta_6 INVE + \beta_7 EBIT + \delta \tag{3.1}$$

模型一：

$$\ln(Z_{it}) = \ln(L_{it}) + \ln(K_{it}) + \ln(M_{it}) + \varepsilon_{it} \tag{3.2}$$

用企业利润表当年的"主营业务收入"衡量企业当年的经济产出总值 Z_{it}；用资产负债表当年"固定资产总值"衡量企业当年总投入中资本性投入部分 K_{it}；用当期"职工总人数"指标衡量企业投入要素中劳动力投入部分 L_{it}；用现金流量表中"购买商品和劳务的现金流"衡量企业投入要素中经营产品等投入的成本 M_{it}。其中 ε_{it} 表示自变量无法测度的误差因素，下标 i 为企业，t 为年份。

本章实证部分，首先，进行描述性统计分析，主要是通过均值分析了解样本的数据分布是否符合模型要求。其次，分别对变量进行相关性分析和时间序列分析（单位根检验），确认变量在横向和纵向上均不存在自相关、自回归等。最后，控制影响企业技术进步的其他因素，利用面板数据固定效应模型进一步分析营改增对样本公司技术进步产生的影响。

3.3.4 固定效应模型的实证分析

3.3.4.1 描述性分析

在进行实证分析之前，首先利用 EViews10.0 数据分析软件对样本数据分别采用模型一和模型二进行描述性统计分析，如表 3.7 和表 3.8 所示：

表 3.7　　　　　　　　模型一描述性分析

	均值	中位数	最大值	最小值	标准差	偏度	峰度	样本数（个）	截面数量
企业产出（lnZ）	22.5450	22.2298	27.6837	18.8885	1.8704	0.8177	3.4572	428	48
企业劳动投入（lnL）	8.0428	7.9336	12.5939	4.6913	1.7773	0.8090	3.3837	428	48
企业资本投入（lnK）	20.0205	19.9139	24.7518	14.1916	2.0099	0.2609	3.1949	428	48
企业中间产品投入（lnM）	22.1839	21.8999	27.6235	18.4241	1.9758	0.7486	3.3432	428	48

①均值与中位数。企业产出（lnZ）、企业劳动投入（lnL）、企业资本投入（lnK）和企业中间产品投入（lnM）的均值为分别为 22.5450、8.0428、20.0205 和 22.1839，而中位数分别为 22.2298、7.9336、19.9139 和 21.8999，在误差允许范围内两者之间的差距不大，可得出样本数据服从正态分布。

②最小值与最大值。企业产出（lnZ）、企业劳动投入（lnL）、企业资本投入（lnK）和企业中间产品投入（lnM）的最小值分别为 18.8885、4.6913、14.1916 和 18.4241，最大值分别为 27.6837、12.5939、24.7518 和 27.6235，极差均控制在 10 左右，因此可得出样本的投入产出数据分布很均匀。

③偏度与峰度。企业产出（lnZ）、企业劳动投入（lnL）、企业资本投入（lnK）和企业中间产品投入（lnM）的偏度分别为 0.8177、

0.8090、0.2609 和 0.7486，偏度均为正值，则表示与标准正态分布相比，其峰偏向样本较小数值；峰度分别为 3.4572、3.3837、3.1949 和 3.3432，均大于 3，说明样本数据与标准正态分布相比，其分布具有较陡峭的峰度。

表 3.8　　　　　　　　　　模型二描述性分析

	均值	中位数	最大值	最小值	标准差	偏度	峰度	样本数（个）	截面数量
企业技术进步（lnTFP）	-1.7146	-1.4830	0.9119	-8.8619	1.2532	-1.2896	6.3924	397	48
两税总额（lnT）	18.1709	18.0756	23.3404	11.8267	1.9477	0.3002	3.3965	397	48
总资产周转率（EFFI）	0.8021	0.7200	2.7500	0.0800	0.4230	1.1892	4.9109	397	48
企业规模（lnSIZE）	8.1193	8.0709	12.5939	4.6913	1.7949	0.7646	3.2810	397	48
企业年龄（lnAGE）	2.6790	2.7717	3.4960	0.2400	0.4748	-1.5767	6.9454	397	48
企业资产负债率（DEBT）	64.5297	68.3578	92.2200	4.6918	17.8659	-1.1365	4.0752	397	48
企业研发投入（INVE）	0.0509	0.0198	0.8120	0.0000	0.0978	4.5644	28.2256	397	48
企业盈利能力（EBIT）	0.0809	0.0634	0.3658	-0.0204	0.0586	1.3735	5.2799	397	48

①均值与中位数。技术进步（lnTFP）、两税总额（lnT）、资产周转率（EFFI）、企业规模（lnSIZE）、企业年龄（lnAGE）、资产负债率（DEBT）、研发投入（INVE）和盈利能力（EBIT）的均值分别为-1.7146、18.1709、0.8021、8.1193、2.6790、64.5297、0.0509 和 0.0809，而中位数分别为 -1.4830、18.0756、0.7200、8.0709、2.7717、68.3578、0.0198 和 0.0634，在误差允许范围内两者之间差距不大，可以得出样本数据服从正态分布。

②最小值与最大值。技术进步（lnTFP）、两税总额（lnT）、资产周转率（EFFI）、企业规模（lnSIZE）、企业年龄（lnAGE）、资产负债率（DEBT）、研发投入（INVE）和盈利能力（EBIT）的最小值分别为-8.8619、11.8267、0.0800、4.6913、0.2400、4.6918、0.0000 和-0.0204，最大值分别为 0.9119、23.3404、2.7500、12.5939、3.4960、92.2200、0.8120 和 0.3658，极差在合理范围内。

③偏度与峰度。技术进步（lnTFP）、两税总额（lnT）、资产周转率（EFFI）、企业规模（lnSIZE）、企业年龄（lnAGE）、资产负债率（DEBT）、研发投入（INVE）和盈利能力（EBIT）的偏度分别为

-1.2896、0.3002、1.1892、0.7646、-1.5767、-1.1365、4.5644 和 1.3735，其中，两税总额、资产周转率、企业规模、研发投入和盈利能力的偏度均为正值，表示其与标准正态分布相比，其峰偏向样本较小数值；技术进步、企业年龄和资产负债率的偏度均为负值，表示其与标准正态分布相比，其峰偏向样本较大数值。峰度分别为 6.3924、3.3965、4.9109、3.2810、6.9454、4.0752、28.2256 和 5.2799，均大于 3，说明样本数据与标准正态分布相比，具有较陡峭的峰度。

3.3.4.2 相关性分析

本章采用的所有数据都来自上市公司的财务报表，虽然各变量采用的计算方法不尽相同，但是有的不同变量用到了同一财务数据，因而选取的变量之间可能存在相关性，而相关性较强的两个变量存在于同一回归模型中，可能对回归分析的结果产生影响，为了避免变量之间的强相关性，本章对主模型，即模型二中的各个自变量进行了相关性检验。

如表 3.9 所示，变量研发投入和其他自变量两两之间相关性均较大，为避免多重共线性对回归分析的影响，在模型中剔除研发投入自变量；其余变量两两之间的相关系数均小于 0.5，即自变量之间不存在较强的相关关系，各变量可以置于同一模型进行多元回归。

表 3.9　　　　　　　　　　协方差分析

	两税总额（lnT）	总资产周转率（EFFI）	企业规模（lnSIZE）	企业年龄（lnAGE）	企业资产负债率（DEBT）	企业研发投入（INVE）	企业盈利能力（EBIT）
两税总额（lnT）	1.0000						
总资产周转率（EFFI）	-0.3583	1.0000					
企业规模（lnSIZE）	-0.5341	0.5452	1.0000				
企业年龄（lnAGE）	0.5598	-0.1625	-0.6682	1.0000			
企业资产负债率（DEBT）	-0.4993	0.0882	0.3461	-0.7581	1.0000		
企业研发投入（INVE）	0.7650	-0.5799	-0.7018	0.7503	-0.4346	1.0000	
企业盈利能力（EBIT）	0.2316	-0.7086	-0.1302	-0.4399	0.4916	0.1990	1.0000

3.3.4.3 单位根检验

对于企业而言，全要素生产率以及两税总额（lnT）可能存在序列相关，即本期的数额可能与上期数额相关。所以，在进行面板数据的多元回归之前，需要检验数据是否存在时间序列相关，是否存在单位根，即需要先检验数据的平稳性，以避免伪回归，从而确保估计的有效性。采用 EViews10.0 分别对全要素生产率和两税总额进行单位根检验如表 3.10 和表 3.11 所示。

表 3.10　　　　　　　技术进步（lnTFP）单位根检验

检验方法	统计量	P 值	截面数量	观测值
LLC 检验*	-15.5860	0.0000	48	354
ADF 检验	228.675	0.0000	48	354
PP 检验	221.733	0.0000	48	370

注：* 表示在 10% 的水平上显著。

表 3.11　　　　　　　两税总额（lnT）单位根检验

检验方法	统计量	P 值	截面数量	观测值
LLC 检验*	-6.0960	0.0000	47	332
ADF 检验	111.2700	0.1079	47	332
PP 检验	132.1310	0.0058	47	352

注：* 表示在 10% 的水平上显著。

本章对技术进步（lnTFP）和两税总额（lnT）分别采用 LLC 检验、ADF 检验和 PP 检验三种方法。技术进步的检验，结果如表 3.9 所示，P 值均为 0.0000，小于置信度 0.01，则认为拒绝单位根的原假设，即通过检验，该数据平稳。两税总额（lnT）的检验结果如表 3.10 所示，P 值分别为 0.0000、0.1079 和 0.0000，LLC 检验* 和 PP 检验的 P 值均小于置信度 0.01，则认为拒绝单位根的原假设，即通过检验，数据平稳。综上所述，全要素生产率和税收总额（lnT）序列均不存在自相关，可以进行面板数据的多元回归分析。

3.3.5　面板数据的多元回归

模型的面板数据截面数大于时期数，为消除面板数据个体之间存在的异方差，采用 Cross-section weights 方法对截面加权进行估计，回归结果如表 3.12 所示（由于篇幅限制，未列示个体各自的截距项）。

观察表 3.11 的输出结果，判定系数为 0.6042，大于 0.5，表示自变量对因变量的影响程度较高。如表 3.12 所示，由于 F 统计量较大，因此在 1% 的显著性水平上拒绝原假设，故模型中的自变量总体对因变量有显著影响。分析各回归参数的 t 检验结果，两税总额（lnT）、企业资产负债率（DEBT）、企业研发投入（INVE）和盈利能力（EBIT）均在 5% 的显著性水平上拒绝原假设，即在其他自变量不变时，各自变量分别对因变量有显著影响。

表 3.12　　　　　　　　　模型估计结果

变量	系数	标准差	t 统计量	P 值
常数	-1.0304	1.0969	-0.9393	0.3482
两税总额（lnT）	-0.1240	0.0455	-2.7270	0.0067
企业总资产周转率（EFFI）	-0.0772	0.1281	-0.6024	0.5473
企业规模（lnSIZE）	0.0396	0.0937	0.4228	0.6727
企业年龄（lnAGE）	0.3063	0.3539	0.8655	0.3874
企业资产负债率（DEBT）	0.0055	0.0020	2.7253	0.0068
企业盈利能力（EBIT）	1.6549	0.7073	2.3397	0.0199
加权后统计量				
可决系数	0.8033		F 统计量	26.4282
调整后的可决系数	0.7729		P 值	0.0000

针对各自变量的统计推断和经济意义的分析如下：

两税总额。两税总额对数值的 P 值为 0.0067，小于 1% 的显著性水平，说明两税总额对企业技术进步有显著影响。两税总额对数值的参数估计值为 -0.1240，说明在其他变量不变的情况下，两税总额每降低 1%，企业的技术进步将获得 12.40% 的成长，两税总额与企业技术进步之间存在负相关关系。证明了两税总额降低将促进建筑业企业技术进步，即假设 3.1 成立。

资产负债率。资产负债率的 P 值为 0.0068，小于 1% 的显著性水平，说明资产负债率对企业技术进步有显著影响。资产负债率的参数估计值为 0.0055，说明在其他变量不变的情况下，资产负债率每提高 1 个百分点，企业的技术进步将获得 0.55% 的成长，资产负债率与企业技术进步之间存在正相关关系。

盈利能力。盈利能力的 P 值为 0.0199，小于 5% 的显著性水平，说明盈利能力对企业技术进步有显著影响。盈利能力的参数估计值为 1.6549，说明在其他变量不变的情况下，盈利能力每提高 1 个百分点，企业的技术进步将获得 165.49% 的成长，盈利能力与企业技术进步之间存在正相关关系。

3.4 关于技术进步的研究结论

建筑业营改增后两税总额与企业技术进步两者关系基于假设 3.1，本章已经通过实证分析论证其成立，建筑业营改增后两税总额与企业技术进步是单向负相关，即在其他条件不变情况下，两税总额降低将促进企业技术进步。基于针对以上模型的回归结果及参数检验的综合分析，可以得到与本章假设完全一致的结论，面板数据的固定效应模型在一定程度上解释了各影响因素与企业技术进步之间存在的关系：两税总额每降低 1%，企业的技术进步将获得 12.40% 的成长；资产负债率每提高 1%，企业的技术进步将获得 0.55% 的成长；盈利能力每提高 1 个百分点，企业的技术进步将获得 165.49% 的成长。结合该模型假设与分析检验结果，基本可以明确两税总额越低，建筑业企业获得的技术进步越大。由于营改增后两税总额即营业税和增值税占流转税的比例超过 80%，故两税总额在一定程度上可代表流转税税负，即较低的流转税税负有利于技术进步。

基于假设 3.1，建筑业企业如何在此次营改增中获得实实在在的改革红利，于是本章提出假设 3.2。我国建筑业营改增在 2016 年 5 月 1 日全面推开，本章通过访谈、文献等定性理论研究的结果提出，建筑业企业是否能够实现营改增后两税总额税负下降，从而获得营改增改革红利，除了国家已经确定的 11% 的税率外，直接取决于企业是否充分解决进项抵扣不足等问题，即是否实现财务规范。对于已经实现财务规范的建筑业企业，该企业的营改增后两税总额可以实现税负下降；反之，企业税负有可能不降反升。

在建筑业营改增前,根据"分部分项工程费+措施项目费+其他项目费+规费",企业现金流出金额"建筑业税金=(营业税+城市维护建设税+教育费附加+地方教育费附加)×相应的税率(%)",但由于该部分税金可通过项目投标报价的组成部分转嫁出去,究其实质基本上是甲方企业代收代缴,因此建筑业企业并没有真正支付税金成本。虽然增值税作为价外税,最终建筑业企业并未真正承担税金成本,但由于建筑业企业支付税金成本一般较大,而且需要一段时间才能完成抵扣闭环,故而需要考虑企业承担的这部分资金的时间价值。建筑行业产业链较长,而且具有行业庞杂等特点,企业上、下游之间的经济关系极其复杂,因此建筑业中间环节投入的材料费、人工费很难在每个环节都能获取进项税抵扣发票。

通过问卷调查及访谈的方式,本章归纳了建筑业企业在营改增过程中可能导致进项抵扣不足的具体原因:

(1)建筑成本项目本身进项税无法抵扣问题。在建筑行业的成本结构中,建筑材料(含生产设备使用费)成本达55%,人工成本约占35%。随着我国提出"一带一路"倡议,铁路、公路等基础投资不断加大,建筑业的生产设备购置日益增加,而以前年度采购的固定资产的进项税额不允许在营改增后进行抵扣,因此生产设备使用费无法得到进项抵扣。同时,根据增值税相关规定,人工成本不允许作为进项税抵扣。

(2)无法获取增值税专用发票进行抵扣问题。第一,建筑施工企业一般就地取材,供应商一般是无法出具增值税专用发票的小规模纳税人甚至是个体户农民,大大降低了材料成本的进项税抵扣,这在建筑业企业中普遍存在。第二,根据建筑行业的交易习惯和特点,在施工合同价款确认中普遍存在"甲供材"问题。"甲供材"中,由于建筑材料是由发包单位向施工单位提供,虽然材料款项金额是合同价款的组成部分需要缴纳相应的增值税销项税额,但建筑服务提供商并未增值也无利润,故而无进项抵扣税额。

(3)老合同销项税突增问题。建筑业无论在哪个时点上进行营改增,都有无法及时完工的部分项目工程会以老合同的形式存在,且这部分合同平均约占建筑业全年工程合同的一半以上。具体地说，占据半壁江山的老合同主要以三种方式存在：第一种是竣工已结算的老合同。企业财务台账中已形成应收工程款，无法获得相应可抵扣的进项税发票，这类老合同收讫款项并向甲方开具发票却是在营改增以后的时间里，这就会产生需要缴纳的销项税现金净流出。第二种是竣工未结算的老合同。与竣工已结算相同的是已经形成应收工程款的部分同样无法获得可抵扣的进项税发票，却因为营改增的到来，需要缴纳销项税。第三种是既未竣工也未结算的老合同。对于营改增前已完工的部分，同样无法获得进项税抵扣发票，但在营改增以后的时间里需要缴纳销项税。营改增后，国家政策虽然规定收到老合同工程价款可以选择采用3%征收率简易征收，但也需要企业全部承担，由于建筑业企业标的合同金额较大，这在一定程度上加重了企业税负和运营成本。

（4）生产用存量资产存在"只有销项，没有进项"的问题。在营改增之前建筑业企业购进的固定资产和周转资产等生产用存量资产，在营改增以后存续期间已经无法获得相应的可抵扣的进项税额增值税专用发票，但是其摊余价值将按期计入建筑工程价值，并缴纳销项税额。这直接造成只有销项税没有进项税，相对增加企业税负。它涉及建筑行业的每个企业，虽对国家而言多收的税无足轻重，但对企业而言负担却十分沉重。

建筑业营改增后基于上游环节的现状，不管是上游企业的小规模纳税人属性，还是"甲供材"问题，以及企业自身管理问题都可能导致进项税额抵扣不足等，进而加重企业税负。但是长期来看，建筑业适用11%的税率（在2018年5月1日至2019年3月31日期间为10%，2019年4月1日后为9%），同时基于增值税原理，营改增旨在打通增值税抵扣链条，众所周知，在全行业上下游全面实现进项税额抵扣后，增值税将会作为价外税降低企业税负。因此，对于财务规范的建筑业企业，建筑业营改增并不存在税负增加的问题。

第4章
建筑业营改增对企业投资的影响

4.1 文献综述及相关理论

营业税改征增值税具有典型的中国特色,发达国家对流转过程中的货物和劳务只征收增值税,而不同时征营业税,中国是世界上唯一一个同时征收过增值税和营业税的国家。国外关于营业税改征增值税的相关研究文献较少,但关于营改增前后建筑业企业税负变动和专门研究建筑业投资行为的文献较多。本章主要探讨营改增前后企业税收负担的差异、营改增对建筑业上市公司投资行为的影响等问题。

4.1.1 国外相关文献

(1) 实际税率的提出。公司实际税率(Effective Tax Rate, ETR),反映企业实际承担的税收负担,区别于法定税率。美国、英国等发达国家在制定税收政策时越来越重视使用ETR,将其视为对比不同类型企业税负的良好指标,在各类税负研究中被政策制定者和学者广泛使用,为政策制定和理论研究提供了准确的数据支持。

(2) 税收对固定资产投资的影响。许多学者对税收与固定资产投资之间的关系开展实证研究。卡明斯等人的研究结果表明,固定资产的资本使用成本弹性为0.5—1.0。萨林哥和萨默斯(1983)利用1959—

1978年的数据，用Q模型测算了税制变化对美国道琼斯30家上市公司市场价值和利润的影响，其研究结果表明，如果将税收指数化，企业的固定资产投资增长幅度将低于5%，允许加速折旧25%将大幅降低企业所得税的实际税率。如果以拉动企业投资为工作目标，则政府应实施最能直接影响企业投资成本的税收政策。

与此同时，也有不少学者采用经验分析法，研究企业的固定资产投资活动，并辅以数据体现其影响程度。研究结论认为：一国内不同地方政府可能会实行有差别的税收政策，而这种差别会首先影响企业择址，进而影响企业资产投资的选址。

4.1.2 国内相关文献

自我国开始征收增值税，国内很多学者就对增值税的基本原理、类型、宏观效应、微观作用、税制转型操作、营业税的弊端、营改增的必要性等实质性问题开展了研究与论证工作，这些均为营改增在我国的顺利实施做了充分的理论铺垫，有助于我国调整税制，使我国增值税的税制架构更加合理。随着营改增税制改革的不断推进，学术界开始关注营改增与企业投资的相关问题，相关文献主要可以分为以下几类：

第一类文献着重研究营改增税制改革对企业税负的影响。董伟（2014）认为营改增整体上加重了企业的税收负担，但是能促进企业完善其会计核算、资本机构和内部管理制度，有利于企业的长远发展，同时提出了促进营改增改革的顺利实施、帮助建筑业企业顺利过渡到缴纳增值税新阶段的应对措施。戴国华（2012）认为营改增对建筑业企业税负的近期影响主要是通过改变企业外购固定资产的进项税额抵扣方式和金额实现的，长远影响则是通过改变企业的机械化水平、生产效率、资产结构、人员配置和人员成本等实现。杨加荣（2013）认为营改增将会使建筑业企业收入减少、税负加重、利润降低和资产负债率提高，会带来现金流的波动，并从建筑业企业角度为同行业企业提出了应对建议。龙新民（2006）从多角度分析了增值税转型对企业税收负担带来的影响，并对比分析了不同类型企业对增值税转型的不同反应，最终研究结果表明内资企业在增值税转型下比外资企业更能寻求良好的发展，并且越集中进行固定资产投资的企业越能通过投资提高自身竞争力，谋求更好的发展；参与增值税转型的内外资企业也在转型的带动下缩小了税赋差距。谭庆美和吴金克（2009）认为在增值税转型的制度改革中，理论上企业在固定资产方面投入的金额越多，企业实际承担的增值税税负越低，并认为企业如果在转型后保持与转型前相同的固定资产投资总额，则增值税税负将会降低，但随着经营水平的提升会有所提高，因此将进一步推动建筑业企业更加主动地寻求机会进行投资活动。

第二类文献着重研究营改增税制改革对企业总投资的影响。李楠楠（2011）结合理论和实证两个方面分析了税收对投资的影响，研究结果表明，由于营业税和增值税的征税范围有所重复，导致重复征税、增加企业税收负担等问题，抑制了企业的投资积极性。针对相关问题该研究给出了如下建议：一是推进营改增改革，消除流转税重复征税问题；二是加大力度完善税收制度，增强税收的激励作用，推动企业投资结构调整，探索税收制度改革的正确方向。陈亚雯（2006）基于 Robert E. Hall 和 John B. Taylor 的投资函数模型，该模型纳入了持久税收政策的变动因素，并且把资本租赁价格公式融进税收变动政策，并以此为切入点，研究税收如何影响投资及其影响程度，从根本上剖析了我国的税收制度，认为我国现行的税收政策虽然能够有效降低企业的资本成本，但是同时资本收益承担的税收负担会给企业带来更多的不利影响，这两种效果相互作用后仍会阻碍企业的正常投资，从长期看不利于经济和社会的发展，为此提出了如下建议：普遍实行企业固定资产投资加速折旧政策；充分利用投资可以抵税的税收规定；为内外资企业规定差别不大的企业所得税率，在合理的范围内降低所得税税率。袁从帅等（2015）选取了239家上市公司2007—2013年的面板数据，用双重差分模型研究了该政策对企业投资、劳动雇佣以及研发行为的影响。其研究结果表明，营改增改革能够显著增加企业的总投资，不过在房地产市场及企业规模等因素的干扰下，营改增对资产类项目的投资没有显著的促进作用，但是企业的人均资本量却得到了显著提高。

第三类文献着重研究增值税转型对企业固定资产投资的影响。李苏娅（2006）利用试点企业的实际数据，结合理论研究，验证了转型拉动固定资产投资的理论假设；增值税转型在东北地区形成一定程度的

"良性洼地效应";固定资产的投资规模会受到税制转型的影响,进而影响企业的产业结构。胡文艳(2013)首先在理论层面探究了增值税转型对企业投资固定资产的影响并得出结论,基于此提出实证分析的假设条件,然后通过多元线性回归分析比较了增值税转型前后对固定资产投资影响的回归结果,实证结果显示,转型为消费型增值税之后多数企业会加大对固定资产的投资,这在一定程度上刺激了企业购进新设备以及对生产机械设备进行更新升级,降低了企业整体的税收负担,验证了其研究假设。黄明峰(2010)用实证研究的方法,探究了增值税转型的背景下企业进行固定资产投资的变化程度,结果表明固定资产投资在增值税转型后得到了更好的发展,建议政府部门制定相应的转型配套政策以确保转型的正向效应。陈嘉(2010)搜集了我国上市公司披露的公开数据,通过面板数据分析检验了我国在2009年进行的增值税转型改革对企业的固定资产投资的影响,实证结果显示,企业在增值税转型后明显加大了对固定资产的投资,但对试点外的其他行业未产生显著影响,并基于此对完善流转税制提出了政策建议。钱璐(2011)运用理论研究和实证研究相结合的方法,探究增值税转型是否影响了企业的固定资产投资活动。该研究基于新古典投资决定模型,并利用了1999—2007年东北三省250家试点企业的微观面板数据,研究结果表明增值税转型在一定程度上减轻了企业的税收负担,更好地发挥了增值税对企业发展的积极作用,有效促进了企业投资固定资产、优化资产结构、提高整体竞争力和扩大市场份额。

第四类文献,较多学者针对建筑业行业特点,深入研究建筑业企业的投资业务,探寻建筑业发展模式,从不同角度对建筑业企业的投资行为做出了解释,得到很多具有一定参考性的结论和观点。李博楠(2011)分析了我国大型建筑业企业目前的发展环境和现状,认为在此背景下大型建筑业企业在投资方面有着较大的需求。刘维庆(2001)介绍了我国大型建筑业企业资本经营运作情况,并针对其中的问题给出了相关建议。刘维庆(2011)根据建筑业企业资本运作的特点和大型建筑业企业的投资需求,提出了资本扩张型、资本收缩型和内部调整型资本经营模式,认为大型建筑业企业只有进行良好的资本经营,才能实现集团化、国际化和现代化的发展;只有改善资本的结构,才能提高内部资源的配置效率;资产重组和资本扩张能够提高企业的竞争力,为企业创造更大的收益。

4.2 建筑业企业投资的理论研究

4.2.1 大型建筑业企业投资业务发展分析

投资是指特定的经济主体为了在未来可预见的时期内实现拥有或者控制特定的经济资源，增强利润创造能力和竞争力，获取客观的收益，以现有的一定时期内的经济资源为成本而进行的经济活动。企业是否获利与其投资质量息息相关，投资质量的高低关系着企业的生存和发展。成功的投资行为，可以促进企业提高产能、扩大生产规模、减少成本，最终增强企业的竞争力、提高产品的市场占有率。企业的经营方向和资本结构主要是通过投资活动决定的，投资可以降低企业的经营风险，提高企业创造利润的能力，降低企业破产的可能性。大型建筑业企业自身资金充足、创造力强，主要通过开拓新的经营模式、发展投资新领域的方式提高企业创造利润的能力。在宏观经济发展的推动下，建筑业企业在增强自身能力的基础上，积极适应当前的政策和市场条件并主动寻找投资机会。

4.2.1.1 我国大型建筑业企业投资业务分类

建筑业企业的投资业务可以根据其产品特征、资本利用、发展特点等进行分类。建筑业企业对其投资业务的调整和变动，将会直接影响建筑业在其他行业领域的份额和分布情况。

（1）总体分类。目前，建筑业企业的投资业务可以按照产品类型、关联产业类型和地域分为不同的项目。主要的分类方法是按产品类型将投资业务分为铁路工程（高铁、电气化改造等）、水利工程、港口建设、海洋工程、节能减排改造工程、县市区域的城镇化改造、保障性住房、新农村建设项目（通水、通信）等。

（2）投资项目形式。工程总承包（EPC）、建设—转让（BT）、建设—经营—转让（BOT）、政府和社会资本合作（PPP）等是在全球范围内应用广泛的投资模式，也是建筑业企业投资形式升级的重要发展方向。有的企业积极调整自身的产业结构、加速自身的企业转型，力求在EPC、BT和BOT等市场占据相当的份额，并实现自身的转型升级；有的企业为了发展本企业的施工业务、提高市场占有率，将着力点放在加大基础设施投资上；有的企业为了在高端市场有一席之地，将大量资金投放到城市开发建设的重点项目上。需要注意的是，建筑业企业在尝试新的投资模式时，要注重匹配自身的资金量、管理水平和技术能力。这部分投资业务的开发对建筑业企业有着很大的吸引力，同时也充满了挑战。

（3）多元化业务的投资。面对建筑行业内部激烈的竞争环境，很多企业在提高自身业务能力、不断完善投资结构的同时，把更多的战略重点放在提高投资业务的连续性上。大型建筑业如中央企业通过与实力强大的地方企业合作，整合双方的资源，创新出多元化的业务板块，不再各自进行单一承包。建筑领域的多元化业务形式可以分为两种（见图4.1）：一是横向多元化，即企业为了增加投资业务的多样性，进行跨产业拓展。跨产业拓展要求建筑业企业具备较高的资质、较大的资金量、较高的管理水平及较强的风险处理能力。二是纵向多元化，也就是建筑业企业将自身的产业链向上下游拓展，延长自己的产业链条，提供更加完善的"一条龙"式综合业务。建筑业企业发展纵向业务能够促进企业提高对其现有的技术、管理等资源的利用程度。多元化投资方向如图4.1所示。

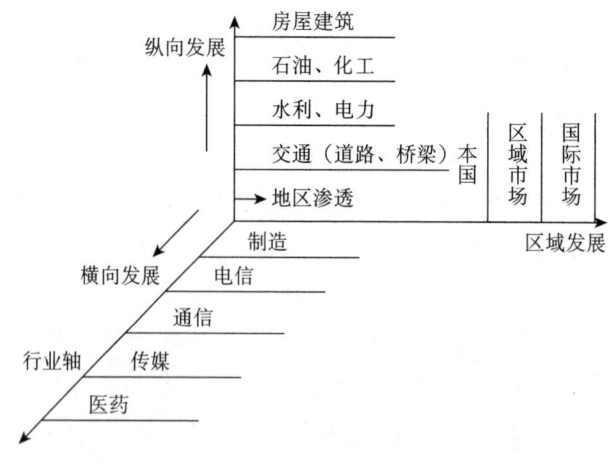

图4.1 建筑业企业多元化投资方向示意图

(4) 国际市场的开拓。改革开放以来，国家一直鼓励国内的企业积极"走出去"，相应地，政府也制定了很多鼓励企业到海外发展业务、开拓市场的优惠政策和措施。部分建筑业企业积极投资境外的承包工程，逐步打开了我国建筑行业的国际市场。亚非拉地区是我国建筑业企业主要的海外市场，对外承包的重要行业主要集中在石油化工、建筑业、交通运输业等。很多大型的建筑业企业还积极尝试 BOT、BT、PPP 等模式的投资业务。

课题组成员在与国内一家大型建筑业企业沟通的过程中了解到，该企业的投资主要集中在固定资产、在建工程、无形资产、工程物资、长期股权、投资性房地产等方面，且我国大多数企业的投资活动也主要集中于这几个方面，故本章也基于此进行研究。

4.2.1.2 建筑业企业投资业务的特点

(1) 资金需求量大。房地产开发、基础设施建设以及资源开发等项目，必须投入大量的资金，是典型的资本密集型行业。这不仅要求建筑业企业本身要有充分的资金支持，还应有良好的筹资集资能力。建筑业企业应与能够提供相关贷款的金融机构保持长期的合作关系，同时还要能够综合利用多种筹资方式。

(2) 投资回收期较长。房地产项目开发通常需要 4 年左右的时间才可以收回投资成本；基础设施建设项目的投资回收期则更长，通常需要 20 年左右；战略性股权类投资可能会在持有的期间产生为数不多的资金回流；资源类投资受客观投资环境的影响更大，投资回收期可能更长。简言之，建筑业企业投资业务的平均回收期是比较长的。

(3) 投资风险大，回报高。投资业务本身是一项高风险、高收益的活动。建筑业企业开展有效的投资活动，有利于提高综合收益率，加快产业结构升级，但如果投资活动不成功，很可能要承担巨大的财务损失，甚至危及企业的生存。因此，建筑业企业最好在具备了强大的风险承担能力和完善的风险管理体系后，再合理、谨慎地进行投资。

(4) 从业人员素质要求高。投资业务的技术含量一般都比较高，为保证投资项目的成功，需要为投资项目安排具备专业能力、知识面广的高素质人才。企业相关的投资人员除需具备专业的投资知识储备外，还需要了解投资涉及领域的行业知识以及财税、法律、企业管理等各方面知识,同时也要求投资人员具备良好的个人素质。

4.2.2 营改增对建筑业企业投资影响的理论分析

4.2.2.1 营改增对建筑业企业固定资产投资的影响

何为固定资产投资?按照国家统计局的口径,全社会固定资产是以货币形式表现的在一定时期内全社会建造和购置固定资产的工作量,以及与此有关的费用总称。①

如图 4.2 所示,2005—2017 年我国建筑业的固定资产、总资产和总产值均逐年增加,反映出我国建筑业企业正在稳步发展。图 4.3 显示的是 2005—2017 年我国建筑业固定资产占建筑业总资产的比重和建筑业固定资产占建筑业总产值的比重,建筑业固定资产占建筑业总资产的比重由 2005 年的 18.38% 下降到 2017 年的 6.98%,建筑业固定资产占建筑业总产值的比重由 2005 年的 16.75% 下降到 2017 年的 6.67%,反映建筑业固定资产占比较大,但是呈现出占比逐年下降的趋势。

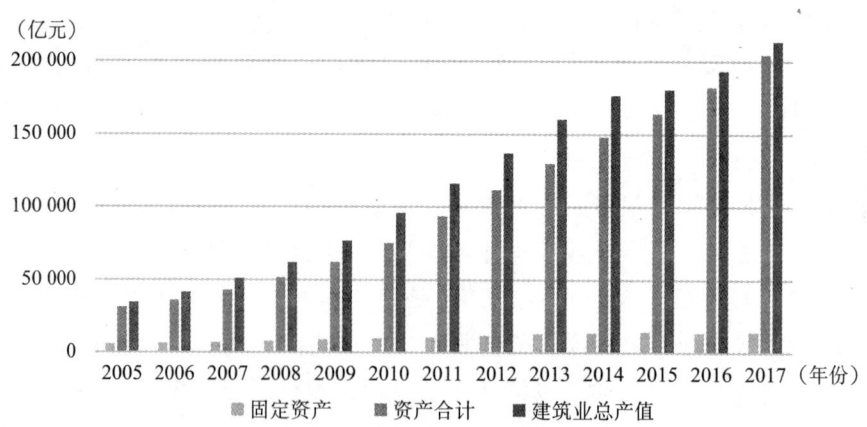

图 4.2 2005—2017 年建筑业固定资产、总资产、总产值的变化趋势

资料来源:国家统计局。

---

① 资料来源:《国家统计局 国家计委 国家经委下达〈关于固定资产投资统计范围、口径的几项暂行规定〉的通知》(计资〔1983〕626 号),1983 年 9 月 7 日。

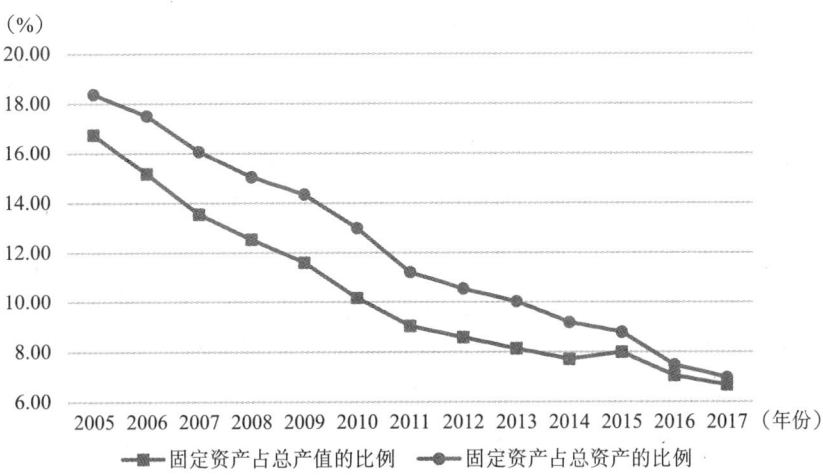

图 4.3　2005—2017 年建筑业固定资产占总资产、总产值比重变化趋势

资料来源：国家统计局。

《中华人民共和国营业税暂行条例》第一条规定："在中华人民共和国境内提供本条例规定的劳务、转让无形资产或者销售不动产的单位和个人，为营业税的纳税人，应当依照本条例缴纳营业税。"按照该条例的规定，建筑业是提供营业税应税劳务的行业，应当对建筑、安装、修缮装饰及其他工程作业等应税劳务缴纳营业税，是缴纳营业税的主要行业之一。

2009 年 1 月 1 日起，我国进行了增值税转型，将生产型增值税转变为消费型增值税，增值税一般纳税人自 2009 年 1 月 1 日起，购进（包括接受捐赠、实物投资）固定资产发生的进项税额，凭增值税专用发票、海关进口增值税专用缴款书和运输费用结算单据从销项税额中抵扣。但是，房屋建筑物等不动产不允许纳入增值税抵扣范围，小汽车、摩托车和游艇也不纳入增值税改革范围，即企业购入以上固定资产，不允许抵扣其所含的进项税额。2009 年，财政部、国家税务总局发布的《关于固定资产进项税额抵扣问题的通知》（财税〔2009〕113 号）进一步明确，以建筑物或者构筑物为载体的附属设备和配套设施，无论在会计处理上是否单独记账和核算，均应作为建筑物或者构筑物的组成部分，其进项税额不得在销项税额中抵扣。也就是说，在营改增之前建筑业企业不允许抵扣购进不动产、以建筑物或者构筑物为载体的附属设备和配套设施的价款中所包含的进项税额。

自 2016 年 5 月 1 日起,全面营改增落实。对建筑业进行营业税改征增值税改革,就是允许建筑业企业抵扣外购固定资产中包含的进项税额,假设企业的销项税额保持不变,那么营改增后建筑业企业当期的应交增值税额将减少,而且以增值税为计税依据的城市维护建设税和教育费附加也会随之减少,进而减少企业的支出。就建筑业营改增前后的适用税率而言,改革后 11% 的增值税率远高于改革前 3% 的营业税率,这会在一定程度上抵消进项税额可抵扣带来的税负减轻效果。但与此同时,由于建筑业企业的固定资产投资规模较大,购进机器设备、厂房等产生的增值税进项是重要的进项税额来源,营改增之后这些购进项目的进项税额允许抵扣,会使建筑业企业的总体税负下降,因此建筑业营改增预期会激励建筑业企业加大对固定资产的投资。

4.2.2.2 营改增对建筑业企业投资的影响

在现代经济学领域中,Jorgenson(1963)提出的投资理论框架是大多数学者研究税收对投资影响问题的理论基础。新古典主义经济学认为,影响企业投资的主要因素之一是投资的资本成本,其中主要包括投资的边际融资成本、折旧成本等,并且排除了资本成本中的税款等可抵项目的影响。

投资的资本成本会受到税收、补贴等相关政策福利的影响,从而会影响最优意愿资本存量。在其他客观条件均保持一致的前提下,所有提高资本成本的税收政策最终都将抑制企业投资。

流转税是我国最主要的税种,流转税的不合理征收不仅会给企业带来损失,还会损害社会经济,而这些损失最终由全社会的消费者和生产者承担,这必然会对各方的决策产生影响,最终影响投资行为。这种影响体现为以下两点:第一,征收流转税通过直接改变交易品的价格影响市场需求,从而使企业的投资预期发生波动,进而影响企业的投资决策和行为。第二,流转税通过直接影响采购价格对产品成本产生影响,例如,对销售工程物料的企业征收流转税,企业很可能通过提高物料的销售价格转嫁税负,这同样会改变企业的投资预期。

从理论上讲,营改增对建筑业企业税负带来的正面影响包括:①降低税负。在营改增前,企业核算时取得的相关增值税专用发票不能进行抵扣,无形中增加了企业的成本,降低了企业的盈利空间。营改增后,企业购进货物与劳务时取得的增值税专用发票能够抵扣进项税额,有利于减轻企业税收负担,促进企业的长远发展。②减少重复征税。建筑行业内经常进行业务分包,包括无关联关系的外部单位分包和集团内部单位分包。根据《中华人民共和国营业税暂行条例》的规定,纳税人将建筑工程分包给其他单位的,以其取得的全部价款和价外费用扣除其支付给其他单位的分包款后的余额为营业额缴纳营业税。营改增在原有17%和13%两档税率的基础上,多加了11%和6%两档低税率(2017年7月1日起,取消13%税率;2018年5月1日起,17%降至16%,11%降至10%;2019年4月1日起,16%降至13%,10%降至9%)。营改增后,建筑施工企业由3%的营业税税率提高为11%的增值税税率,税率相对升高,但是与营业税相比,增值税的优点体现在可以抵扣进项税额。因此,营改增后建筑业企业的两税总负担有减轻的可能。

根据前文的分析,流转税税负对企业投资的影响主要是通过投资的资本成本的抵税效应实现的,因此高水平的流转税税负在一定程度上会刺激企业进行投资,以获取更大的抵税效应。

营改增改革能够在带动相关行业减税的同时,通过结构性减税实现税负公平,从而达到提高资源配置效率、引导企业合理配置生产要素、推进产业结构升级的目的。尽管有不少学者分析了营改增的减税效应,但目前关于营改增对投资、就业及技术进步的深层次影响的评估较为不足。本章拟利用上市建筑公司的微观数据,运用固定效应模型对该问题进行实证研究。

以往对企业投资的研究通常专注于固定资产投资,这与工业企业的特点是相适应的。但就本章的研究对象建筑业企业而言,某建筑业大型上市公司在沟通中表示,对集团来说工程物资投资和股权投资等其他投资同样重要。投资的定义也表明,企业的投资行为意味着以付出现在的资源为代价获取更大的长远利益,所以本章将企业的固定资产、无形资产、工程物资、在建工程、长期股权等投资项目都纳入企业总投资的范围。

4.3 营改增对建筑业上市公司投资影响的实证研究

本节将先研究建筑业企业承担的两税总额与企业投资之间的关系，再测算营改增之后两税总额的变动方向，进而得出营改增对企业投资的影响。

在前文的分析中，建筑业企业对固定资产、在建工程、工程物资、长期股权的投资都与建筑业营改增有关，并且营改增的改革模式是在试点先行后向全国推广的。本章以营改增之前企业的两税总额，即增值税额和营业税额之和的对数为自变量，以企业的固定资产、在建工程、工程物资、长期股权等投资的合计金额为因变量，以长期投资机会（Q）、短期投资机会（SK）、盈利能力（EBIT）、企业规模（SIZE）、资产负债率（DEBT）为控制变量，以2010—2017年全国上市公司中建筑业企业的面板数据为研究对象，采用固定效应模型，通过实证分析研究这些投资变量与建筑业营改增之间的关系。研究的意义在于，立足企业投资行为的微观角度，研究营改增对建筑业企业投资行为的效应，并对我国建筑业营改增的效果和措施做出判断，为改革政策提出相关建议。

4.3.1 研究假设

建筑业企业在实施营改增以后，理论上将会对企业的固定资产投资、企业总投资产生以下影响：企业可抵扣增值税进项税额和促进企业增加固定资产投资。营改增扩大了增值税的征税范围，同时进一步拓宽了进项税额的抵扣范围。在此规定下，原营业税纳税人可抵扣购进时缴纳的进项税额，这不仅减轻了企业的税负，还改善了企业当期的现金流状况，有利于促进企业增加固定资产投资和对设备进行更新换代，投资意愿随之提高。

结合理论分析，本章提出总假设：建筑业营改增将促进企业固定资产投资和企业总投资。总假设三个子假设（假设4.1、假设4.2、假设

4.3) 构成，本章将通过实证研究的方法验证假设 4.1 和假设 4.2，而假设 4.3 采用建筑业企业测算结果验证。

总假设 在其他条件不变情况下，建筑业营改增将促进企业固定资产投资、企业总投资。

假设 4.1 在其他条件不变情况下，两税总额降低将促进企业固定资产投资。

假设 4.2 在其他条件不变情况下，两税总额降低将促进企业总投资。

假设 4.3 在其他条件不变情况下，营业税改增值税将使两税总额降低。

4.3.2 研究样本的设计

（1）样本选取。本章的研究对象是进行营改增的建筑业企业，因此在样本的选取上，按照中国证监会颁布的《上市公司行业分类指引（2012 年修订）》第 E 类"建筑业"选取了在沪深两市上市的建筑业企业，这些企业通常是发展较成熟、规模较大、受营改增改革影响更明显的建筑业企业，具有较强的代表性。由于一般纳税人和小规模纳税人的具体规定不同，本章只对作为一般纳税人的上市建筑公司进行分析。

为研究营改增前后建筑业企业两税总额与企业固定资产投资、企业总投资的关系，对样本做了如下的处理：

①选取 2011 年之前上市的公司，样本数据的覆盖年度为 2010—2017 年；

②只选取沪深两市的建筑业上市公司，并剔除掉样本覆盖期内曾被标注 ST、*ST 及 PT 的上市公司；

③剔除数据大量缺失的上市公司；

④剔除样本数据中存在极端值的上市公司。

在经过上述的筛选和处理后，得到满足条件的 41 家公司作为研究对象，以 2010—2017 年共 8 年的财务数据作为样本数据。研究样本如表 4.1 所示。

表 4.1　　样本企业

序号	证券代码	证券简称	首发上市日期
1	600820.SH	隧道股份	1994 年 1 月 28 日
2	600846.SH	同济科技	1994 年 3 月 11 日
3	600853.SH	龙建股份	1994 年 4 月 4 日
4	000628.SZ	高新发展	1996 年 11 月 18 日
5	600068.SH	葛洲坝	1997 年 5 月 26 日
6	600133.SH	东湖高新	1998 年 2 月 12 日
7	000065.SZ	北方国际	1998 年 6 月 5 日
8	600170.SH	上海建工	1998 年 6 月 23 日
9	000090.SZ	天健集团	1999 年 7 月 21 日
10	600248.SH	延长化建	2000 年 6 月 22 日
11	600326.SH	西藏天路	2001 年 1 月 16 日
12	600496.SH	精工钢构	2002 年 6 月 5 日
13	600512.SH	腾达建设	2002 年 12 月 26 日
14	600039.SH	四川路桥	2003 年 3 月 25 日
15	600502.SH	安徽水利	2003 年 4 月 15 日
16	600477.SH	杭萧钢构	2003 年 11 月 10 日
17	600284.SH	浦东建设	2004 年 3 月 16 日
18	600463.SH	空港股份	2004 年 3 月 18 日
19	600491.SH	龙元建设	2004 年 5 月 24 日
20	600970.SH	中材国际	2005 年 4 月 12 日
21	002051.SZ	中工国际	2006 年 6 月 19 日
22	002060.SZ	粤水电	2006 年 8 月 10 日
23	002062.SZ	宏润建设	2006 年 8 月 16 日
24	002081.SZ	金螳螂	2006 年 11 月 20 日
25	002135.SZ	东南网架	2007 年 5 月 30 日
26	002140.SZ	东华科技	2007 年 7 月 12 日
27	601390.SH	中国中铁	2007 年 12 月 3 日
28	601186.SH	中国铁建	2008 年 3 月 10 日
29	601668.SH	中国建筑	2009 年 7 月 29 日
30	601618.SH	中国中冶	2009 年 9 月 21 日
31	002307.SZ	北新路桥	2009 年 11 月 11 日

续表

序号	证券代码	证券简称	首发上市日期
32	002310.SZ	东方园林	2009年11月27日
33	002323.SZ	雅百特	2009年12月18日
34	002325.SZ	洪涛股份	2009年12月22日
35	601117.SH	中国化学	2010年1月7日
36	300055.SZ	万邦达	2010年2月26日
37	002374.SZ	丽鹏股份	2010年3月18日
38	002375.SZ	亚厦股份	2010年3月23日
39	002431.SZ	棕榈股份	2010年6月10日
40	300117.SZ	嘉寓股份	2010年9月2日
41	002482.SZ	广田集团	2010年9月29日

资料来源：Wind 数据库。

（2）样本来源。本章以营改增前后沪深两市建筑业上市公司作为研究对象，以 2010—2017 年作为研究期间，最终确定样本为 328 个。本章严格按照中国证监会颁布的《上市公司行业分类指引（2012 年修订）》第 E 类"建筑业"确定研究对象，使用的沪深两市的建筑业上市公司财务数据均来自 Wind 数据库，使用 Excel 和 Stata 统计软件进行数据处理。

4.3.3 变量的选取

基于本章的研究假设，选取的研究变量包括因变量、自变量和控制变量三类，相关变量含义如下。

（1）因变量一：固定资产投资 $[\ln(I_1)]$。本章采用固定资产的本年新增额（I_1）度量企业固定资产投资，固定资产的本年新增额（I_1）是用期末的固定资产原值（K）减去期初值（K-1）计算的，以此衡量企业固定资产的投资规模。通过分析企业的投资决策与行为，发现营改增对建筑业企业固定资产投资的影响主要在于可进行进项税额抵扣的范围扩大到机器设备，但我们无法获取上市公司机器设备投资的具体金额，又由于机器设备在固定资产总额中占比较大，故选取固定资产投资本年新增额为替代变量。

(2) 因变量二：企业总投资[ln(I)]。根据前文的介绍，我国建筑业企业的投资主要在固定资产、工程物资、在建工程、长期股权投资等方面，故将固定资产、工程物资、在建工程、长期股权各项投资的本年增量合计数作为研究企业总投资时的因变量，以分析建筑业企业总投资受营改增的影响程度。

(3) 自变量：两税总额[ln(T)]。本章研究的税制改革是营业税改征增值税，营业税税额和增值税税额之和占我国流转税总额的80%以上，本章通过研究建筑业企业承担的两税总额与企业投资之间的关系，测算营改增之后两税总额的变动方向，进而测算得出营改增对企业投资的影响。因此，本章选择增值税税额和营业税税额之和的对数值为自变量。

(4) 控制变量。为避免变量遗漏带来的估计偏差，本章在研究已有文献的基础上，结合建筑业企业的实际投资情况，将长期投资机会、短期投资机会、盈利能力、企业规模以及资产负债率作为控制变量。

①长期投资机会（Q）。Tobin（1969）提出的Q值是常被用来衡量企业长期投资机会的重要指标，用企业在金融市场上的市场价值与该企业现有资本存量重置成本之比表示。由于边际Q值较难取得，通常会选用平均Q值代替边际Q值。由于我国非流通股的市场价值难以确定，本章用总市值、长期负债、短期负债以及资产总额计算Q值。

长期投资机会（Q）=（总市值+长期负债+短期负债）/总资产账面价值

②短期投资机会（SK）。短期投资机会用主营业务收入与固定资产期初值的比值SK衡量。

短期投资机会（SK）=主营业务收入/固定资产期初值

③盈利能力（EBIT）。企业固定资产的投资总量与企业的盈利能力是密不可分的，企业的盈利能力越强，就具有越强的投资能力，故选取控制变量时将企业的盈利能力考虑在内。本章的盈利能力用样本企业的息税前利润与营业收入的比值EBIT表示。

④企业规模[ln(Asset)]。企业的规模大小也影响着企业各方面的投资。通常来说，企业的规模越大，购买能力和投资能力就越强。由于企业的规模通常体现为总资产规模，因此本章选取企业总资产的对数

ln（Asset）表示企业的规模。

⑤资产负债率（DEBT）。企业的负债水平会影响企业的固定资产投资，且债务水平较高的企业通常有着较高的财务风险，债权人对这类企业会要求更高的回报率，或对其进行融资约束，因此高负债水平会抑制企业的投资活动。由于我国企业的负债水平会受到融资约束和企业的融资结构的影响，而且我国的企业普遍使用短期借款进行长期投资，因此本章没有使用传统的长期负债率表示企业的负债水平，而是用以下公式表示：

资产负债率 =（短期借款 + 一年内到期的长期借款 + 长期负债）/ 总资产账面价值

⑥时间（t）。本章采用41家公司2010—2017年8年的面板数据，以2010年为初始的基准年度，以当年与2010年的差异数为时间（t）。

本章设置的自变量、因变量及控制变量定义如表4.2所示。

表4.2　　　　　　　　研究变量及控制变量定义

变量	简写	定义
因变量		
固定资产增量投资	$\ln(I_1)$	固定资产原值的期末值减去期初值的差值取对数
总投资增量	$\ln(I)$	固定资产、工程物资、在建工程、长期股权各项投资的期末值减去期初值差额之和取对数
自变量		
两税总额	$\ln(T)$	增值税和营业税额之和取对数
控制变量		
长期投资机会	Q	（总市值 + 长期负债 + 短期负债）/ 总资产账面价值
短期投资机会	SK	主营业务收入/固定资产期初值
盈利能力	EBIT	息税前利润/营业收入
企业规模	$\ln(Asset)$	总资产账面价值取对数
资产负债率	DEBT	（短期借款 + 一年内到期的长期借款 + 长期负债）/ 总资产账面价值

4.3.4 模型的设计

4.3.4.1 固定效应模型

$$Y_{it} = a_1 T_{it-1} + \beta_{1i} + \beta_2 A_{it} + \beta_3 B_{it} + \beta_4 C_{it} + \mu_{it} \tag{4.1}$$

式（4.1）为固定效应回归模型，i 表示第 i 个横截面单元，t 表示年份。使用固定效应模型的目的是通过固定个体，比较各个体的特定类目间或特定类别间，或特定类目与特定类别间的交互作用效果。本章采用固定效应模型是将各上市公司视为个体，比较各公司个体实际有效税负对各投资标的的作用。

4.3.4.2 模型的设计

根据前文所述，本章采取固定效应模型对营改增对建筑业上市公司投资的影响效应进行研究，设定模型如下：

$$\ln(I) = \alpha \ln(T_{it}) + \beta_1 Q_{it} + \beta_2 SK_{it} + \beta_3 EBIT_{it} + \beta_4 \ln(Asset_{it}) + \beta_5 DEBT_{it} + T_s + \varepsilon_{it} \tag{4.2}$$

其中，i 表示沪深两市建筑业上市公司的截面单元，i = 1, 2, 3, 4, …, 41；t 表示年份；I_1 表示企业固定资产投资；I 表示企业总投资，其中包括固定资产投资、在建工程投资、工程物资投资、无形资产投资、长期股权投资；Q 表示投资机会指标；SK 表示短期投资机会；DEBT 为资产负债率；Asset 为资产规模；EBIT 为盈利能力；T 表示时间；ε 表示随机干扰项。

模型一：分析两税总额 [ln(T)] 对固定资产投资（I_1）的影响，具体公式为，

$$\ln(I_1) = \alpha \ln(T_{it}) + \beta_1 Q_{it} + \beta_2 SK_{it} + \beta_3 EBIT_{it} + \beta_4 \ln(Asset_{it}) + \beta_5 DEBT_{it} + T_s + \varepsilon_{it} \tag{4.3}$$

模型二：分析两税总额 [ln(T)] 对企业投资总量（I）的影响，具体公式为，

$$\ln(I) = \alpha \ln(T_{it}) + \beta_1 Q_{it} + \beta_2 SK_{it} + \beta_3 EBIT_{it} + \beta_4 \ln(Asset_{it}) + \beta_5 DEBT_{it} + T_s + \varepsilon_{it} \tag{4.4}$$

4.3.5 对固定资产投资影响的实证分析

我们用模型一：$\ln(I_1) = \alpha\ln(T_{it}) + \beta_1 Q_{it} + \beta_2 SK_{it} + \beta_3 EBIT_{it} + \beta_4 \ln(Asset_{it}) + \beta_5 DEBT_{it} + T_s + \varepsilon_{it}$ 分析两税总额$[\ln(T)]$对固定资产投资(I_1)的影响。

4.3.5.1 描述性分析

为了更加直观地了解样本数据的基本特征和分布形态，运用Stata统计软件对样本数据进行描述性统计分析，具体结果如表4.3所示。

表4.3 模型一描述性分析

变量	样本量（个）	均值	标准差	极小值	极大值
固定资产增量投资$[\ln(I_1)]$	328	9.593381	1.960674	3.178795	13.64312
两税总额$[\ln(T)]$	328	9.077536	2.042429	2.686873	14.13006
长期投资机会（Q）	328	1.693183	1.209409	0.910555	12.17970
短期投资机会（SK）	328	20.771510	28.241800	0.443094	212.47630
企业规模$[\ln(Asset)]$	328	14.137890	1.618343	11.119960	18.85957
资产负债率（DEBT）	328	0.208719	0.137510	0.000135	0.56264
盈利能力（EBIT）	328	8.537488	9.426931	-5.888600	97.90670

（1）因变量描述性分析。模型一的因变量为固定资产增量投资$[\ln(I_1)]$。固定资产增量投资的最大值为中国中冶2012年的13.64，最小值为东方园林2013年的3.18，均值为9.59。

（2）自变量描述性分析。模型一的自变量为两税总额$[\ln(T)]$。两税总额的最大值为中国建筑2011年的14.13，最小值为雅百特2011年的2.69，均值为9.08。

（3）控制变量描述性分析。模型一的控制变量包括长期投资机会（Q）、短期投资机会（SK）、盈利能力（EBIT）、企业规模$[\ln(Asset)]$、资产负债率（DEBT）。长期投资机会（Q）的最大值为雅百特2010年的12.18，最小值为中国建筑2011年的0.91，均值为1.69。短期投资机会（SK）的最大值为北方国际2010年的212.48，最小值为东湖国际 2010 年的 0.44，均值为 20.77。企业规模 [ln(Asset)] 的最大值为中国建筑 2017 年的 18.86，最小值为丽鹏股份 2010 年的 11.12，均值为 14.14。资产负债率（DEBT）均值为 20.87%，最大值为浦东建设 2010 年的 56.26%，最小值为东华科技 2016 年的 0.01%。盈利能力（EBIT）的最大值为浦东建设 2012 年的 97.91，最小值为东湖高新 2013 年的 -5.89，均值为 8.54。

4.3.5.2 相关性分析

本章使用的数据来自样本中各上市公司的财务报表，在实证研究时，由于某些变量的设计用到了同一财务指标，可能导致选取的变量之间存在相关性，而如果在同一个模型中的两个变量之间相关性较强，则可能会影响回归分析结果的准确性。为了探究本章所选变量之间的相关性，模型一的相关性分析如表 4.4 所示。

表 4.4　　　　　　　　　　模型一相关性分析

	固定资产增量	两税总额	长期投资机会	短期投资机会	企业规模	资产负债率	盈利能力
固定资产增量	1.0000						
两税总额	0.1261	1.0000					
长期投资机会	-0.0678	-0.1648	1.0000				
短期投资机会	0.0696	0.0262	0.2341	1.0000			
企业规模	0.3402	0.6107	-0.4061	-0.0725	1.0000		
资产负债率	0.0449	0.1415	-0.3989	-0.3018	0.2280	1.0000	
盈利能力	-0.0428	-0.1214	0.2031	0.0431	-0.1684	0.1475	1.0000

由表 4.4 可以看出，变量固定资产增量、两税总额、长期投资机会、短期投资机会、企业规模、资产负债率和盈利能力之间不存在强相关性。其中，变量企业规模与两税总额之间的相关性最大，相关性系数为 0.6107，大于 0.5，为中度相关；变量资产负债率和长期投资机会之间的相关性系数为 -0.3989，小于 0.5，为低度相关；变量企业规模与固定资产增量的相关性系数为 0.3402，小于 0.5，为低度相关；变量资产负债率与短期投资机会的相关性系数为 -0.3018，小于 0.5，为低度相关；其他变量之间的相关性系数都在 0.3 以下。所以，模型一选取的

各个变量之间不存在强相关性，可以放入回归模型。

4.3.5.3 回归分析

（1）Hausman 检验。在计量分析中常用 Hausman 检验判定固定效应模型和随机效应模型两者谁更有效，其中原假设和备择假设分别如下：

原假设 不可观测效应与自变量是不相关的，应采用随机效应模型估计；

备择假设 不可观测效应与自变量是相关的，应采用固定效应模型估计。

利用 Stata 软件对模型一进行 Hausman 检验，结果如表 4.5 所示。

表 4.5　　　　　　　　　　　**Hausman 检验结果**

检验总结	χ^2 统计量	P 值
横截面随机性	12.10	0.0005

Hausman 检验结果显示 P 值为 0.0005，远小于 1% 的显著性水平，所以拒绝原假设，选择固定效应模型进行回归分析。

（2）回归分析。本章使用 Stata 软件来对两税总额与企业固定资产投资的关系进行回归分析，结果如表 4.6 所示。

如表 4.6 所示，针对各自变量的统计推断和经济意义的分析如下：

两税总额[ln(T)]。两税总额的参数估计值为 -0.1503，说明在其他变量不变的情况下，两税总额每提高 1%，企业的固定资产投资就会减少 0.15%，两税总额与企业固定资产投资之间存在负相关关系，说明在其他变量不变的情况下，较高水平的两税总额对建筑业企业固定资产投资具有抑制作用，但不显著。

企业规模[ln(Asset)]。企业规模的参数估计值为 0.6711，说明在其他变量不变的情况下，企业规模每扩大 1%，企业的固定资产投资就会增加 0.67%，企业规模与企业固定资产投资之间存在正相关关系，且在 1% 的显著性水平上显著。

盈利能力（EBIT）。盈利能力的参数估计值为 -0.0293，说明在其他变量不变的情况下，企业盈利能力每提高 1 个单位，企业的固定资产投资就会下降 0.03%，盈利能力与企业固定资产投资之间存在负相关关系，但不显著。

表 4.6　　　　　　　　　　　模型一回归分析结果

	系数	标准差	t 统计量	P 值
两税总额[ln(T)]	-0.1503	0.0983	-1.53	0.134
长期投资机会（Q）	-0.1784	0.1192	-1.50	0.142
短期投资机会（SK）	0.0027	0.0063	0.42	0.676
企业规模[ln(Asset)]	0.6711	0.2245	2.99	0.005
资产负债率（DEBT）	-0.6388	1.4206	-0.45	0.655
盈利能力（EBIT）	-0.0293	0.0404	-0.73	0.472
常数项	1.9546	3.4281	0.57	0.572

4.3.6　对总投资影响的实证分析

我们用模型二：$\ln(I) = \alpha \ln(T_{it}) + \beta_1 Q_{it} + \beta_2 SK_{it} + \beta_3 EBIT_{it} + \beta_4 \ln(Asset_{it}) + \beta_5 DEBT_{it} + T_s + \varepsilon_{it}$ 分析两税总额[ln(T)]对总投资（I）的影响。

4.3.6.1　描述性分析

为了更加直观地了解样本数据的基本特征和分布形态，运用 Stata 统计软件对样本数据进行了描述性统计分析，具体结果如表 4.7 所示。

表 4.7　　　　　　　　　　　模型二描述性分析

变量	样本数（个）	均值	标准差	极小值	极大值
总投资增量[ln(I₁)]	328	9.925564	1.965697	3.636974	14.36209
两税总额[ln(T)]	328	9.076543	2.044540	2.616351	14.13005
长期投资机会（Q）	328	1.693183	1.209409	0.910555	12.17970
短期投资机会（SK）	328	20.771510	28.241800	0.443094	212.47630
企业规模[ln(Asset)]	328	14.137890	1.618343	11.119860	18.85957
资产负债率（DEBT）	328	0.208719	0.137510	0.000135	0.56264
盈利能力（EBIT）	328	8.537488	9.426931	-5.888600	97.90670

(1) 因变量描述性分析。模型二的因变量为企业总投资增量 $[\ln(I)]$。企业总投资增量的最大值为中国建筑2011年的14.36，最小值为上海建工2013年的3.64，均值为9.93。

(2) 自变量描述性分析。模型二的自变量为有效税负$[\ln(T)]$。有效税负的最大值为中国建筑2011年的14.13，最小值为雅百特2011年的2.62，均值为9.08。

(3) 控制变量描述性分析。模型二的控制变量包括长期投资机会（Q）、短期投资机会（SK）、盈利能力（EBIT）、企业规模$[\ln(Asset)]$、资产负债率（DEBT）。长期投资机会（Q）的最大值为雅百特2010年的12.18，最小值为中国建筑2011年的0.91，均值为1.69。短期投资机会（SK）的最大值为北方国际2010年的212.48，最小值为东湖国际2010年的0.44，均值为20.77。企业规模$[\ln(Asset)]$的最大值为中国建筑2017年的18.86，最小值为丽鹏股份2010年的11.12，均值为14.14。资产负债率（DEBT）的最大值为浦东建设2010年的56.26%，最小值为东华科技2016年的0.01%，均值为20.87%。盈利能力（EBIT）的最大值为浦东建设2012年的97.91，最小值为东湖高新2013年的-5.89，均值为8.54。

4.3.6.2 相关性分析

为了探究所选变量之间的相关性，模型二的相关性分析如表4.8所示。

表4.8 模型二相关性分析

	总投资增量 $[\ln(I_1)]$	两税总额 $[\ln(T)]$	长期投资机会（Q）	短期投资机会（SK）	企业规模 $[\ln(Asset)]$	资产负债率（DEBT）	盈利能力（EBIT）
总投资增量 $[\ln(I_1)]$	1.000						
两税总额 $[\ln(T)]$	0.213	1.000					
长期投资机会（Q）	-0.076	-0.165	1.000				

续表

	总投资增量 $[\ln(I_1)]$	两税总额 $[\ln(T)]$	长期投资机会（Q）	短期投资机会（SK）	企业规模 $[\ln(Asset)]$	资产负债率（DEBT）	盈利能力（EBIT）
短期投资机会（SK）	0.040	0.026	0.234	1.000			
企业规模 $[\ln(Asset)]$	0.360	0.611	-0.406	-0.073	1.000		
资产负债率（DEBT）	0.124	0.142	-0.399	-0.302	0.228	1.000	
盈利能力（EBIT）	0.037	-0.121	0.203	0.043	-0.168	0.147	1.000

由表4.8可以看出，变量总投资增量、两税总额、长期投资机会、短期投资机会、企业规模、资产负债率和盈利能力之间不存在强相关性。其中，变量企业规模与两税总额之间的相关性最大，相关性系数为0.611，大于0.5，为中度相关；变量企业规模与长期投资机会的相关性系数为-0.406，小于0.5，为低度相关；变量资产负债率与长期投资机会的相关性系数为-0.399，小于0.5，为低度相关；变量企业规模与总投资增量的相关性系数为0.360，小于0.5，为低度相关；变量资产负债率与短期投资机会的相关性系数为-0.302，小于0.5，为低度相关；其他变量之间的相关性系数都小于0.3。所以，模型二选取的变量之间不存在强相关性，可以放入回归模型。

4.3.6.3 回归分析

（1）Hausman检验。在计量分析中常用Hausman检验判定固定效应模型和随机效应模型两者谁更有效，其中原假设和备择假设分别如下：

原假设 不可观测效应与自变量是不相关的，应采用随机效应模型估计；

备择假设 不可观测效应与自变量是相关的，应采用固定效应模型估计。

利用Stata软件对模型二进行Hausman检验，结果如表4.9所示。

表4.9　　　　　　　　　　　Hausman 检验结果

检验总结	χ^2 统计量	P值
横截面随机性	14.84	0.0001

Hausman 检验结果显示 P 值为 0.0001，在 1% 的显著性水平上拒绝原假设，因此选择固定效应模型进行回归分析。

（2）回归分析。本章使用 Stata 软件对两税总额与企业投资的关系进行回归分析，如表 4.10 所示。

表4.10　　　　　　　　　模型二回归分析结果

	系数	标准差	t统计量	P值
两税总额[ln(T)]	-0.14588	0.088080	-1.66	0.106
长期投资机会（Q）	-0.20514	0.089587	-2.29	0.027
短期投资机会（SK）	0.013174	0.004738	2.78	0.008
企业规模[ln(Asset)]	0.942738	0.212104	4.44	0.000
资产负债率（DEBT）	-2.391210	1.313450	-1.82	0.076
盈利能力（EBIT）	-0.005060	0.009447	-0.54	0.596
常数	-1.603790	3.066420	-0.52	0.604

根据表 4.10 显示的结果，企业规模[ln(Asset)]和短期投资机会（SK）均在 1% 的显著性水平上显著，即企业规模和短期投资机会在其他自变量不变时，分别对因变量总投资[ln(I)]有显著影响。针对各自变量的统计推断和经济意义的分析如下：

两税总额[ln(T)]。两税总额的参数估计值为 -0.14588，说明在其他变量不变的情况下，两税总额每提高 1%，企业的总投资就会减少 0.15%，两税总额与企业总投资之间存在负相关关系，说明在其他变量不变的情况下，较低水平的两税总额对建筑业企业总投资具有促进作用，但不显著。

企业规模[ln(Asset)]。企业规模的参数估计值为 0.942738，说明在其他变量不变的情况下，企业规模每扩大 1%，企业的总投资就会增加 0.94%，企业规模与企业总投资之间存在正相关关系，且在 1% 的显著性水平上显著。

短期投资机会（SK）。短期投资机会的参数估计值为 0.013174，说明在其他变量不变的情况下，短期投资机会每提高 1 个单位，企业的总投资就会增加 0.01%，短期投资机会与企业总投资之间存在正相关关系，且在 1% 的显著性水平上显著。

4.3.7　对营改增前后两税总额变动的探讨

营改增前，我国对建筑施工企业在征收营业税的同时征收增值税，实行的是"两税并行"的税收制度。在现实的经济活动中，企业在生产和销售环节经常需要同时缴纳增值税和营业税。这不仅造成我国的增值税抵扣链条中断，还使企业负担的一部分进项税额不可抵扣，使企业重复缴纳税款，增加了企业的税收负担，不利于企业自身和经济社会的发展，"两税并行"的税收制度是我国需要尽快解决的一大问题。

2016 年 3 月 23 日，财政部和国家税务总局联合发布了《关于全面推开营业税改征增值税试点的通知》（财税〔2016〕36 号），明确从 2016 年 5 月 1 日起，将房地产业和建筑业、金融服务业和生活服务业等行业纳入营改增范围，并明确了建筑业适用的增值税税率为 11%。该文件的发布标志着我国结构性减税又向前迈进了一大步。

从理论上来看，营改增可使建筑业企业减少重复纳税，实现结构性减税目标。营改增前，建筑业企业在很多环节要缴纳多个税种，在采购材料或者劳务环节要负担增值税进项税，只要货物或劳务流通环节产生收入就需缴纳营业税，与此同时建筑工程完工后仍需缴纳相关的营业税，这种既复杂又烦琐的税收制度最终会加重企业的税负。由于项目通常以招标的方式进行，企业一般采用联合投标的方式提高中标率，中标后再以分包的方式将工程分包出去，这种联合投标后分标的投标方式虽然会提高企业的投标竞争力，但招标单位只与中标企业签订施工合同，并不会与分包企业签订单独的施工合同，因此在这个环节企业会重复纳税，营业税改征增值税之后进项税额可以进行抵扣，企业的总税负压力得到缓解。

4.4 与投资有关的结论

根据模型回归结果，本章使用的面板数据固定效应模型在一定程度上解释了各影响因素与企业固定资产投资、企业总投资之间的关系。

本章用模型一研究两税总额[$\ln(T)$]对企业固定资产投资[$\ln(I_1)$]的影响，因变量$\text{Ln}(I_1)$用企业当年的固定资产投资增量表示。研究结果表明：两税总额每提高1%，企业的固定资产投资就会减少0.15%；企业规模每扩大1%，固定资产投资就会减少0.67%；企业盈利能力每提高1个单位，企业的固定资产投资就会下降0.03%。结合该模型的回归分析和相关性分析，基本可以说明两税总额越大，建筑业企业的固定资产投资就越小，但是这种负相关关系并不显著。80%以上的流转税税额是营业税和增值税，因此两税总额在一定程度上可以代表企业的流转税税负，即较高的两税税负会阻碍企业的固定资产投资。所以，假设4.1是成立的。

本章用模型二研究两税总额[$\ln(T)$]对企业当年投资总量[$\ln(I)$]的影响，因变量[$\ln(I)$]用"固定资产、无形资产和其他长期资产的本年增量之和"度量，即表示企业当年的投资总量。研究结果表明：两税总额每提高1%，企业的总投资就会减少0.15%；企业规模每扩大1%，企业的总投资就会增加0.94%；短期投资机会每提高1个单位，企业的总投资就会增加0.01%。结合该模型的回归分析和相关性分析，基本可以说明两税总额越大，建筑业企业的总投资就越少，即较高的两税税负会阻碍企业进行投资。所以，假设4.2也是成立的。

本章从理论的角度对假设4.3的成立进行分析：营改增旨在通过打通增值税抵扣链条实现进项税额抵扣而降低企业税负，如果对两税总额的变化进行长期预测，预计得出的结果将是两税总额降低，企业投资会增加，从而验证了本章总假设。

综上所述，通过实证分析得出结论：较高的流转税税负对企业的固定资产投资和总投资行为的阻碍不显著，营改增将使两税总额降低。

第 5 章
建筑业营改增对企业就业的影响

5.1 文献综述及相关理论

5.1.1 建筑业行业就业结构

著名经济学家 Richard. B. Freeman（1987）在其所著的"Labor Economics"一书中指出，一个经济体可以获取的劳动量取决于劳动强度（labour intensity）、人口的规模及构成（size and composition of the population）、工作周数与假日周数（number of weeks of work and holiday weeks）、愿意工作的人员的比例（percentage of people who are willing to work）、工作周长度（subsequence of working week）、技能训练水平（skill training level）和劳动力的受教育程度（educational level of labor force）。Hoffman（1989）以及后来的学者基于上述八大因素研究分析以后得出结论，在人口数量不变的前提下，劳动供给量主要由劳动者实际供给的工时和劳动参与率这两个因素决定。然而，由于单个劳动者实际供给的工时和社会整体劳动参与率等因素均处于动态变化中，因此劳动力的实际供给量也处于动态变化中。综上所述，传统的劳动经济学研究者基于以下几个假设提出研究劳动供给的模型：假设一，每个人都会把时间用于享受闲暇或者工作这两件事情上；假设二，个人小时工资率是一定的，在此基础上可以按照自己的个人意愿完成尽可能多的工时；假设三，闲暇消费有边际递减效应，每个人都追求效用最大化。

2014 年，国家统计局公开发布的《农民工监测报告》表明，当前新一代农民工在进城务工群体中占比越来越大，使农民工的年龄结构、学历结构、价值观和技能结构等发生潜移默化的变化。2011 年，国家统计局住户调查办公室的实地调研表明，当代的农民工一般具有一定的文化程度，对精神物质文化的需求更大，通常有比较高的职业期望，但是他们更向往工作比较轻松的岗位，工作耐受力降低，传统务农知识的积累也不如上一代，很大一部分农民工没有务农耕作的技能和经历。

董润润等（2010）指出，自从建筑行业全面实行体制改革之后，其劳务用工方式也随之产生重大改变，以前实行的劳动用工方式逐步瓦解。与此同时，施工劳务行业的聘用也发生了重大变化，逐步发展成为能适应当代需求的灵活多元化的劳务聘用机制，积极地促进了建筑行业的全面体制改革。

5.1.2 营改增对企业总体税负和行业就业产生的影响

此前我国实行的是生产型增值税，在该制度下，纳税人进行固定资产投资的投资价款中包含的税额不得计入进项税额。转型为消费型增值税制度后，纳税人进行固定资产投资支付的投资价款中含有的税额可计入进项税额，陈烨等（2009）认为该项举措在一定程度上激励企业对生产设备等生产型固定资产进行投资。在劳动价格粘性较低的前提下，这就会对劳动就业有一定的影响：①在对资本要素进行"减税"时，企业一般会采取加大资本投入与劳务需求的策略，称为支出效应；②鉴于劳动要素价格相比资本要素的价格会在一定幅度内提高，企业一般会减少对劳动要素的运用，取而代之的是提高资本要素的投入，称为替代效应。这两种效应对就业具有相反的影响，国内已有学者运用实证研究的方法，得出主要的影响是替代效应的结论。一般来说，消费型增值税会对企业吸收就业会产生部分的负面效应，如，聂辉华等（2009）利用企业微观层面的财务数据进行研究，认为增值税转型能在一定程度上提高工业企业的效率，同时显著降低这些工业企业的劳动力雇佣数量；

陈烨等（2010）采用可计算一般均衡数据模型进行实证研究，在全国范围内实行增值税转型税制改革的前提下，通过模拟运行数据，研究证明了增值税转型这一税制改革对促进 GDP 增长的作用不显著，且有可能产生明显的失业效应，建议在实施原生产型增值税的前提下适用无歧视减税政策以替代增值税转型。

李贵芬等（2012）从行业整体税负水平和企业投资规模两个角度研究分析了营改增对企业运营的影响，发现营改增可以有效降低建筑业企业的增值税实际税负，并且可以有效缓解困扰企业的重复纳税现象。与此同时，这一财税改革也会鼓励企业的投资行为，由于取消了营业税，企业的投资成本会相应降低，从而提高企业的投资效率。

傅翠萍（2012）认为，只有在建筑业的整个产业链条自上而下实施营改增税制改革，才能有效降低企业的实际税负。其建议尽量避免一次性抵扣全部投资额，尽可能分期抵扣进项税额，保持企业每年营业利润的平稳，以及国家整体税源的稳定。

王军等（2014）指出，施工建设承包企业的劳务成本一般情况下占工程总造价的 25% 左右，并且大部分劳动力由建筑劳务公司提供的临时劳动力和少量农民工组成。实施营改增改革后，建筑劳务公司取得劳务收入将按照 11% 的税率（2018 年 5 月 1 日起，由 11% 降至 10%；2019 年 4 月 1 日起，由 10% 降至 9%）计算缴纳增值税，可能存在的问题是缺乏可足额抵扣的进项税额，与之前按照 3% 的税率征收营业税相比，企业的实际税负可能有所上升。在目前看来，一方面，建筑劳务公司的利润率相对不高，营改增引起的税负增加很可能会传导至建筑施工承包企业；另一方面，由于农民工个人提供的临时劳务没有办法开具增值税专用发票，这也会在一定程度上提高企业的用工成本。

毛捷等（2014）指出，增值税全面转型促进了电力业和汽车制造业企业的就业增长，对农产品加工业和石油化工业企业的就业吸纳产生了抑制作用，但基本不影响装备制造业、冶金业、船舶制造业和采掘业企业的就业。

在营改增的宏观经济效应方面，孙刚（2011）、王朝才（2012）、田志伟等（2013）和赵迎春等（2013）对行业税负、需求供给、资源配置、体制调整等方面的研究颇为深入，提供了许多有建设性的结论和建议。关于营改增税制改革对就业影响的研究，比较主流的观点是：营改增在一定程度上能够促进服务业等第三产业的发展，提升对劳动力的需求，营改增对就业的影响是正面的。此外，高培勇（2009）、汪德华等（2009）、王金霞（2009）、施文泼（2010）和胡怡建（2011）等从不同角度对营改增税制改革面临的难点与挑战进行了解析。

5.2 我国建筑业实行营改增政策就业效应的实证研究

5.2.1 研究假设

营改增后建筑业企业就业能力指标将受到如下影响：

（1）增加固定资产投资，促进设备更新换代，优化从业人员结构。由于营改增涉及行业比较多，会扩大纳税人经营活动中的进项税可抵扣范围，企业为建造工程购买的工程物资以及相关应税劳务都可以作为进项税额进行抵扣，不但可以减少企业税收支出，增加企业税后利润，同时还鼓励企业对生产设备进行更新换代。在追加投资的前提下，企业会优先选择技术水平更高的设备，提升装备水平，推动技术进步，还可以优化企业结构，提高经济生产效率，会给企业的就业结构带来一定程度的影响。而传统的建筑业企业投资较少，就业量较大，能够吸纳大量农村剩余劳动力，与其他行业相比建筑行业的总体创新水平相对落后，科技贡献率较低。

因此，营改增可以通过鼓励投资、扩大内需、促进企业技术进步和就业结构调整，促进人员结构优化，提高建筑行业企业技术工人和管理人员的技术水平与文化素养。

（2）降低建筑业企业整体实际税负，促进行业细化分工。营改增税制改革完善了增值税的抵扣制度，有效解决了重复计税的问题，或直接或间接降低了企业税负，拓展了建筑行业的市场空间，有利于提升建筑产品质量和服务的竞争力，从而促进了行业分工细化。

（3）现代服务业开具可抵扣发票，促进建筑业企业技术服务、劳务服务消费，促进就业结构优化。营改增后，对现代服务业企业来说存在良好的发展机遇，可以减轻企业税负，降低成本，优化其成长环境。此外，部分从事现代服务的增值税一般纳税人选择不适用免税的过渡性优惠措施，而是选择计算缴纳增值税，以此取得抵扣增值税进项税和开具增值税专用发票的权利，增加了建筑业企业作为增值税应税劳务购买方的可抵扣进项税额，促进建筑业企业现代服务消费。

综合上述分析，本章提出如下总假设：

建筑行业在营改增后，吸纳就业能力将提高。

建筑业对促进我国国民经济稳定、快速发展会起到越来越重要的作用，根据前文对我国建筑业实行营改增的分析，此次建筑行业营改增势必会对建筑业企业的发展产生一定影响，进而也会对企业吸纳就业能力和就业结构产生一定的影响。本章以企业年度实缴两税总额为自变量，以企业年净利润、资产负债率、企业年龄、资产总量、营业收入、企业购买商品或接受劳务支付的现金、为职工支付的现金为控制变量，利用2010—2017年共8年在沪深两市上市的按照中国证监会颁布的《上市公司行业分类指引（2012年修订）》第 E 类"建筑业"选取 45 家建筑业企业的面板数据，采用固定效应模型，通过实证分析研究建筑业营改增与就业之间的关系，从微观角度审视建筑业营改增对企业的影响并作出客观评价。

5.2.2 模型的设计

5.2.2.1 固定效应模型

$$C_{it} = \beta_{1i} + \beta_2 A_{it} + \beta_3 B_{it} + \beta_4 C_{it} + \mu_{it} \tag{5.1}$$

本章采用如式（5.1）的固定效应回归模型进行研究。固定效应模型是将各个建筑业企业视为个体，比较不同个体实际两税有效税负与就业之间的关系，而不是以一个个体的作用情况推论到其他个体。由于我国建筑业不同地区间区域差异较大，这样的模型设计可以避免我国各地区间的相互影响。

5.2.2.2 研究变量的选择

本章研究的是我国建筑业营改增税制改革对就业的影响。根据第 2 章的介绍，我国此次增值税试点扩大范围涉及的流转税税种主要包括增值税和营业税，营改增前后建筑行业涉及的不同税目税负变化较大，以单一税目为变量不利于模型的建立。因此，本章以增值税和营业税的合计数作为变量，通过研究建筑业营改增后企业实际税负的变化和企业就业人口之间的关系，分析营改增对建筑行业吸纳就业能力的影响。

5.2.2.3 模型设定

根据前文所述，本章采取固定效应模型对建筑业营改增的就业效应进行检验。

首先，分析两税有效税负 $[\ln(T_{it})]$ 对企业就业人数（E_{it}）的影响，具体公式为：

$$\ln(E_{it}) = \alpha_1 \ln(T_{it}) + \beta_1 \ln(VALUE_{it}) + \beta_2 DEBT_{it} + \beta_3 \ln(SIZE_{it}) + \beta_4 \ln(OR_{it}) + \beta_5 \ln(TZ_{it}) + \beta_6 \ln(AWage_{it}) + T_s + \varepsilon_{it} \quad (5.2)$$

其中，i 表示各个企业的截面单元，i = 1，2，3，4，…，45；t 表示年份；E 表示建筑业就业人数；T 表示两税总额；VALUE 表示企业年利润；DEBT 表示资产负债率；SIZE 表示企业规模；OR 表示营业收入；TZ 表示企业购买商品、接受劳务支付的现金；AWage 表示支付职工的现金；T 表示时间；ε 表示随机干扰项。

其次，研究中介效应。加入中间变量——企业投资总量，分析两税有效税负 $[\ln(T_{it-1})]$ 是否通过企业投资影响企业就业人数（E_{it}）。具体公式为：

$$\ln(E_{it}) = \alpha_1 \ln(T_{it}) + \beta_1 \ln(VALUE_{it}) + \beta_2 DEBT_{it} + \beta_3 \ln(SIZE_{it}) + \beta_4 \ln(OR_{it}) + \beta_5 \ln(TZ_{it}) + \beta_6 \ln(AWage_{it}) + \beta_7 \ln(P) + T_s + \varepsilon_{it} \quad (5.3)$$

P 表示投资增量，包括固定资产增加值、在建工程增加值、无形资产增加值。之所以做两次回归，主要是考虑到建筑业营改增可能通过企业增加投资这个间接因素影响企业的就业人数的，企业增加在建工程、固定资产、无形资产等方面的投资，会给企业就业带来积极影响。

5.2.2.4 变量说明

因变量为企业员工总数，自变量为两税总额，同时选取的控制变量包含净利润、资产负债率、资产总量、营业收入、企业购买商品接受劳务支付的现金、支付职工的现金、时间。在选取控制变量时，考虑到建筑业企业增加在建工程、固定资产等方面的投资会给企业就业带来积极影响，营改增可能通过企业增加投资间接影响就业人数，因此选取投资（包括固定资产增加值、在建工程增加值、无形资产增加值）作为中间效应变量，数据均取自于资产负债表。

（1）因变量：企业员工总数（E）。建筑行业就业人员具有一定特殊性，企业将一部分工程通过劳务分包方式分包给劳务公司，这部分建筑从业人员在进行数据统计时具有一定的困难，因此本章中涉及建筑业企业就业人口仅为企业在编职工，包括技术工人、管理人员等。其中，企业员工总数数据来自Wind数据库公司资料中的"员工总数"科目。

（2）自变量：两税总额（T）。建筑行业营改增涉及的流转税种主要是增值税和营业税，并且使用两税总额这一指标，其比起使用名义税负更能准确反映企业实际税负的大小。其中，实缴增值税数据来自企业财务报表附注中"应交税费——应交增值税"科目，实缴营业税数据来自企业财务报表附注中"应交税费——应交营业税"科目。

（3）控制变量。

①净利润（VALUE）。净利润是衡量企业经营效益的主要指标，是经营的最终成果。净利润多的企业，经营效益更好；净利润少的企业，经营效益相对较差。袁富华等（2009）的研究表明，企业净利润与企业就业调整有密切联系。数据取自样本企业2010—2017年的利润表。

②资产负债率（DEBT）。资产负债率是期末负债总额除以资产总额的百分比，良好的资本结构是企业发展的有力保证，在营改增背景下可能对企业的产业结构产生一定影响，因此本章将资产负债率作为控制变量之一。数据取自样本企业2010—2017年的资产负债表。

③资产总量（SIZE）。资产总量在一定程度上可以反映企业规模的大小。企业规模越大，对就业的容纳能力以及对外界经济政策环境变化的抗压能力就会越强。数据取自样本企业2010—2017年的资产负债表。

④营业收入（OR）。营业收入在一定程度上可以反映企业的营运能力，企业员工创造的价值，也可以体现在营业收入的增长上。数据取自样本企业 2010—2017 年的利润表。

⑤企业购买商品、接受劳务支付的现金①（TZ）。建筑业实施营改增后，由于建筑工人工资在现行增值税制度下不能抵扣进项税额，因此企业有可能通过劳务外包等形式将工资成本进行转移。因此，本章选取企业购买商品接受劳务支付的现金作为控制变量之一。数据取自样本企业 2010—2017 年的现金流量表。

⑥支付职工的现金②（AWage）。此变量与企业员工总数有着较强关联，因此选用支付职工的现金作为控制变量之一。数据取自样本企业 2010—2017 年的现金流量表。

⑦投资增量（P）。考虑到建筑业营改增可能通过增加投资间接影响企业就业，因此选取投资（包括固定资产增加值、在建工程增加值、无形资产增加值）作为中间效应变量。

⑧时间（t）。本章采用 45 家建筑业企业 2010—2017 年的面板数据，时间上以 2009 年为基准年度，以当年与 2009 年的差异数为时间。

5.2.3　数据来源说明

5.2.3.1　样本选取

本章按照中国证监会颁布的《上市公司行业分类指引（2012 年修订）》第 E 类"建筑业"选取在沪深两市上市的建筑行业 A 股公司为样本，该类企业规模较大，业务规范，具有一定的代表性和参考价值。增值税对小规模纳税人和一般纳税人有不同的规定，鉴于上市公司规模

---

① "购买商品、接受劳务支付的现金"项目，反映企业购买商品、接受劳务支付的现金（包括支付的增值税进项税额），主要包括：本期购买商品、接受劳务本期支付的现金，本期支付前期购买商品、接受劳务的未付款项和本期预付款项。

② "支付给职工以及为职工支付的现金"项目，反映企业实际支付给职工的工资以及其他为职工支付的现金；为职工支付的工资包括本期实际支付给职工的工资、奖金、各种补贴和津贴等；其他为职工支付的现金包括待业保险等社会保险基金、为职工支付的养老保险、支付给职工的住房困难补助、为职工支付的商业保险基金等。

较大,通常为一般纳税人,因此只研究营改增对为一般纳税人的建筑业企业的影响。为考察营改增税制改革对吸纳就业的影响,本章对样本进行了一定的筛选,以使结果更具有参考性:

①对标有 ST、*ST 的上市公司,公司状况存在一定的不稳定性,所以将这类公司剔除;

②剔除异常值,例如息税前利润为负值的企业、两税总额为负值的企业等;

③剔除成立时间为 2010—2017 年数据缺失的上市公司。

经过上述筛选处理后,将剩余满足条件的 45 家建筑业企业作为样本,样本明细如表 5.1 所示。

表 5.1   样本企业

证券代码	证券简称	证券代码	证券简称
600820.SH	隧道股份	002051.SZ	中工国际
600846.SH	同济科技	002060.SZ	粤水电
600853.SH	龙建股份	002062.SZ	宏润建设
000628.SZ	高新发展	002081.SZ	金螳螂
600068.SH	葛洲坝	002135.SZ	东南网架
600133.SH	东湖高新	002140.SZ	东华科技
000065.SZ	北方国际	601390.SH	中国中铁
600170.SH	上海建工	601186.SH	中国铁建
000090.SZ	天健集团	601668.SH	中国建筑
000961.SZ	中南建设	601618.SH	中国中冶
600248.SH	延长化建	002307.SZ	北新路桥
600326.SH	西藏天路	002310.SZ	东方园林
600528.SH	中铁工业	002314.SZ	南山控股
600496.SH	精工钢构	002325.SZ	洪涛股份
600512.SH	腾达建设	601117.SH	中国化学
600039.SH	四川路桥	300055.SZ	万邦达
600502.SH	安徽水利	002375.SZ	亚厦股份
600477.SH	杭萧钢构	002431.SZ	棕榈股份
600545.SH	卓郎智能	300117.SZ	嘉寓股份
600284.SH	浦东建设	002482.SZ	广田股份

续表

证券代码	证券简称	证券代码	证券简称
600463.SH	空港股份	002504.SZ	弘高创意
600986.SH	科达股份	002524.SZ	光正集团
600491.SH	龙元建设		

5.2.3.2 数据来源

本章以 A 股建筑业上市公司作为研究组，以 2010—2017 年为研究期间，最终样本为 360 个。本章选择 45 家的公司严格按照中国证监会颁布的《上市公司行业分类指引（2012 年修订）》第 E 类"建筑业"确定，采用的公司财务数据均来自 Wind 数据库，并运用 Execl、Stata14、EViews10.0 等数理统计软件对数据进行分析。

5.2.4 描述性统计

如表 5.2 所示，因变量为企业员工总数，共采集数据 360 个，平均值为 24 477.87 人，最大值为 2011 年中国中铁的 294 761 人，最小值为 2010 年北方国际的 225 人。

自变量为两税总额，采集数据 360 个，平均值为 61 311.59 万元，最大值为 2015 年中国建筑的 1 369 635 万元，最小值为 2013 年中国化学的 -27 334.52 万元。

本章选取的控制变量为净利润、资产负债率、资产总量、营业收入、企业购买商品接受劳务支付的现金、支付职工的现金。净利润平均值为 165 395.00 万元，最大值为 2017 年中国建筑的 4 664 902.00 万元，最小值为 2012 年中国中冶的 -1 045 481.50 万元。资产负债率平均值为 68.39%，最大值为 2014 年高新发展的 95.93%，最小值为万邦达 2010 年的 11.78%。资产总量平均值为 7 276 981.00 万元，最大值为 2017 年中国建筑的 155 098 330.60 万元，最小值为 2010 年光正集团的 69 256.61 万元。营业收入平均值为 5 777 842.00 万元，最大值为 2017 年中国建筑的 105 410 650.3 万元，最小值为 2012 年弘高创意的 15 639.18 万元。购买商品、接受劳务支付的现金数据为 360 个，平均值为 4 807 731.00 万元，最大值为 2017 年中国建筑 99 248 871.10 万元，最小值为 2010 年弘高创意的 12 218.06 万元。为职工支付的现金平均值为 349 442.10 万元，最大值为 2017 年中国中铁的 5 427 296.00 万元，最小值为 2010 年光正集团的 1 121.73 万元。投资增量包括固定资产增加值、无形资产增加值和在建工程增加值平均值为 74 409.36 万元，最大值为 2015 年中国铁建的 1 704 727.00 万元，最小值为 2012 年中国中冶的 −742 731.30 万元。

表 5.2　　　　　　　　　　描述性统计分析

变量	观测量（个）	平均值	标准差	最小值	最大值
企业员工总数（人）	360	24 477.87	63 834.93	225.00	294 761.00
两税总额（万元）	360	61 311.59	181 362.80	−27 334.52	1 369 635.00
净利润（万元）	360	165 395.00	521 857.00	−1 045 481.50	4 664 902.00
资产负债率（%）	360	68.39	15.81	11.78	95.93
资产总量（万元）	360	7 276 981.00	1.94e+07	69 256.61	1.55e+08
营业收入（万元）	360	5 777 842.00	1.60e+07	15 639.18	1.05e+08
企业购买商品接受劳务支付的现金（万元）	360	4 807 731.00	1.36e+07	12 218.06	9.92e+07
支付职工的现金（万元）	360	349 442.10	922 259.00	1 121.73	5 427 296.00
投资增量（万元）	360	74 409.36	234 983.30	−742 731.30	1 704 727.00

5.2.5　实证检验

本章的实证分析共分为两步，首先开展不考虑企业总投资增量的实证分析，其次将投资增量纳入模型中进行实证分析。

（1）不考虑企业总投资增量，应用固定效应模型进行回归分析。进行回归分析前，先进行模型检验和诊断。

①是否需要考虑随机效应。

如表 5.3 所示，Hausman 检验的原假设为"模型中个体影响与自变量不相关"，检验结果显示 P 值小于 0.01，拒绝原假设，则认为应该使用固定效应模型，而非随机效应模型。

表 5.3　　　　　　　Hausman 检验——不含投资增量

检验总结	chi2（8）	P 值
横截面随机性	32.31	0.0001

②是否需要考虑时间效应。

如表 5.4 所示，F 检验的原假设为"无时间效应"，检验结果显示 P 值大于 0.1，不拒绝原假设，则认为不需要考虑年份因素，模型中不必包括时间效应。

表 5.4　　　　　　时间效应 F 检验——不含投资增量

检验总结	F 统计量	P 值
横截面随机性	1.00	0.4403

因此，在回归模型中，因变量为就业人数（E），自变量为两税总额，控制变量为资产负债率、净利润、营业收入、企业购买商品接受劳务支付的现金、为职工支付的现金和总资产。

如表 5.5 所示，通过回归分析结果可见模型整体显著，即可以拒绝所有参数均等于零的假设（F 统计量对应 P 值 < 0.01）。其中，我们研究的关键变量两税总额在 1% 的显著性水平上显著，且对企业就业人数存在正向影响。

表 5.5　　　　固定效应回归分析结果（1）——不含投资增量

变量名称	企业就业人数对数值
两税总额对数值	0.062***
	(0.004)
资产负债率	−0.006**
	(0.044)
净利润对数值	−0.080*
	(0.069)
资产总量对数值	0.036
	(0.735)
营业收入对数值	0.143
	(0.288)
企业购买商品接受劳务支付的现金对数值	0.004
	(0.974)

续表

变量名称	企业就业人数对数值
为职工支付的现金对数值	0.523 ***
	(0.000)
常数项	0.764
	(0.318)
观测量（个）	314
R^2	0.635
个体数（个）	45

注：*、**、*** 分别表示在 10%、5%、1% 的水平上显著。

（2）建筑行业实行营改增政策可能会影响建筑行业企业的部分投资行为，如固定资产投资、在建工程项目等，由于建筑行业属于劳动密集型行业，因此上述投资行为的改变，有可能会影响企业的就业情况。因此，在模型中加入企业总投资增量这一中间变量，研究投资这一中间效应对企业就业的影响。进行回归分析前，先进行模型检验和诊断。

①是否需要考虑随机效应。

如表 5.6 所示，Hausman 检验的原假设为"模型中个体影响与自变量不相关"，检验结果显示 P 值小于 0.01，拒绝原假设，则认为应该使用固定效应模型，而非随机效应模型。

表 5.6　　　　　Hausman 检验——含投资增量

检验总结	chi2（8）	P 值
横截面随机性	31.13	0.0003

②是否需要考虑时间效应。

如表 5.7 所示，F 检验的原假设为"无时间效应"，检验结果显示 P 值大于 0.1，不拒绝原假设，则认为不需要考虑年份因素，模型中不必包括时间效应。

表 5.7　　　　　时间效应 F 检验——含投资增量

检验总结	F 统计量	P 值
横截面随机性	1.82	0.1073

因此，在回归模型中，因变量为就业人数（E），自变量为两税总额，控制变量为资产负债率、净利润、营业收入、企业购买商品接受劳务支付的现金、为职工支付的现金、总资产以及投资增量。

如表5.8所示，可以发现模型依然整体显著，在其他变量不变的情况下，当两税总额每增加1%，企业就业人数将增加5.6%。总体来看，两税总额与企业就业能力之间存在正相关关系。因此，证明了两税总额提高对企业就业能力具备一定程度的促进作用。

表5.8　　　　固定效应回归分析结果（2）——含投资增量

变量名称	企业就业人数对数值
两税总额对数值	0.056**
	(0.018)
资产负债率	-0.006*
	(0.058)
净利润对数值	-0.022
	(0.631)
资产总量对数值	-0.045
	(0.678)
营业收入对数值	0.108
	(0.513)
企业购买商品接受劳务支付的现金对数值	-0.030
	(0.832)
为职工支付的现金对数值	0.641***
	(0.000)
投资增量对数值	0.020
	(0.110)
常数项	0.861
	(0.258)
观测量（个）	216
R^2	0.745
个体数（个）	44

注：*、**、***分别表示在10%、5%、1%的水平上显著。

5.2.6 实证结果分析

从上述实证结果来看，实证分析的结果与本章的研究假设基本一致，使用固定效应模型可在一定程度上解释税收、企业规模、企业盈利等因素与企业就业之间的关联：两税总额每增加1%，企业的就业能力将获得5.6%的增长。结合该模型结果和前文关于企业就业能力的现状描述及相关性分析，基本可以明确：两税总额越大，建筑业企业吸纳就业的能力越强。由于两税总额占流转税比重超过80%，故两税总额在一定程度上可代表流转税税负，即流转税税负较高的企业有更强的吸纳就业能力，流转税税负最终通过商品价格转嫁给劳动者，使其工资的购买力下降，劳动者为了维持生活水平，就会增加劳动，从而产生税收的收入效应，人们通过供给更多劳动促使劳动价格下降，增强了企业吸纳就业的能力。

综上所述，流转税税负对吸纳就业能力与改善就业结构的影响，主要是通过税负转嫁实现的，而微观税负的调整和优化还亟待流转税制的完善。

第6章
建筑业营改增对企业盈利能力的影响

6.1 与企业盈利能力相关的研究

企业盈利能力是学术界和实务界都比较关注的热点问题。通过对国内外学者有关企业盈利能力的经典文献和重要观点进行梳理，可知相关研究主要围绕两个大的问题展开：一是企业盈利能力的评价；二是影响企业盈利能力的因素分析。结合本章的分析重点，下文将详细阐述学者具有重要价值和参考意义的研究成果。

6.1.1 企业盈利能力的评价体系

6.1.1.1 盈利能力评价体系的建立

张煜（2005）指出，在选择反映企业盈利能力的财务指标时，针对不同类型的企业，应横向比较不同指标；针对相同类型的企业，应纵向比较不同指标，以此增强指标的说服力。在建立企业盈利能力的评价体系时，需要在最大程度上减少人为操纵财务数据的可能性。在此基础之上建立评价体系，就需要选择相互排斥的指标，并对指标赋予一定的权重。评价体系中包括的指标都应来源于上市公司披露的财务数据，有利于增强评价体系的透明度和可操作性。莫生红和李明伟（2009）认为，在不同会计基础下对企业盈利能力进行评价时，指标需要有所差异。以权责发生制为会计基础的企业，适用的企业盈利能力评价指标主要包括净资产收益率（RDE）销售净利率以及资产净利率；以收付实现制作为会计基础的企业，适用的企业盈利能力评价指标主要包括盈利现金比率和销售现金比率。兰德平（2014）认为利用财务指标反映企业盈利能力时应准确计算相应财务指标中的财务数据。例如，计算净资产收益率时，要考虑现金股利对年末净资产的影响。利用成本费用率分析企业盈利能力时，计算成本费用应排除营业外支出、投资收益等项目，否则计算的结果将与实际情况有所偏差。基于利润率分析企业盈利能力时，应明确区分营业利润和净利润，保证指标中财务数据的口径相同。

6.1.1.2 盈利能力评价体系内指标的选取

熊学华（2010）认为总资产报酬率更能反映企业的盈利能力，该指标相较其他指标而言消除了资本结构这一因素的影响，不仅能反映出企业对经营资产的利用情况，也能反映出企业权益资本与债务资本的回报情况，而这也是外部投资者最为关注的一点。企业提高生产经营效率的核心环节在于企业利用最少的投入获得最多产出，即提高单位资产的获利能力。该指标在反映企业盈利能力和经营管理效率方面都具有优越性。在考虑到财务杠杆的情况下，该指标应该被净资产收益率取代，两个指标在反映企业盈利能力的原理上具有相似性。赵荣荣（2010）认为反映上市公司盈利能力的核心指标在于对企业现金流量的计算，并将企业获得现金流的能力与企业经营管理面临的风险联系起来。企业经营活动现金流入的大小能反映企业盈利能力的高低，反映企业现金流量大小的财务指标包括净资产现金回收率、销售现金比率等。利用现金流量分析企业盈利能力时，还需结合企业的资产盈利能力与销售盈利能力。兰德平（2013）认为净利润现金保证比率能够更好地反映企业盈利能力的高低。净利润现金保证比率包含了经营活动现金净流量和净利润两个财务指标，体现了企业实现净利润时产生的现金净流入。债务风险越小的企业，其盈利能力越强。但是，企业偿债能力的衡量指标是该企业对库存现金的管理水平。

6.1.2 营改增对企业盈利能力的影响

姜欢等（2011）研究了营改增对物流企业盈利能力的影响，通过收集上市物流企业的年度财务数据，建立相关的模型，以实证方法分析了营改增对物流企业盈利能力的具体影响。考虑到物流企业的特点，无论是购进还是租赁固定资产，都根据固定资产占总资产比重的大小对样本数据进行分组。研究结果显示，固定资产占比较大的物流企业在营改增之后企业税负明显降低，企业盈利能力得到改善，从正面反映了营改增后不动产可以抵扣的有利影响。鲁盛潭和彭景颂（2012）同样也研究了营改增对交通运输企业盈利能力的影响，他们通过实证的研究方法，发现交通运输企业营改增后的实际税负加重，企业的盈利能力大幅下降。因此，得出了营改增对交通运输企业盈利能力产生了很强的负效应的结论。刘若鸿和史燕平（2012）分析了营改增对租赁企业盈利能力的影响，营改增最大的特点就是可以对购进或者租赁的不动产进行进项税额抵扣。他们以融资租赁公司为例，通过对比分析法，发现营改增后融资租赁公司的企业税负明显降低，融资租赁行业的整体税负有所降低，其研究意义在于为其他行业提供示范。研究最后指出，营改增对融资租赁企业盈利能力产生了正效应。金家伟（2013）分析了营改增对交通运输企业盈利能力的影响，他采用了实证分析方法，以2012年交通运输企业年度财务数据为样本，并对其在营改增之后的数据进行了预测。研究结果表明，营改增之后，大部分交通运输企业的实际税负有所降低，营改增对大部分交通运输企业盈利能力产生了正效应。张玲玲（2013）研究了营改增对交通运输企业盈利能力的影响，得出了营改增对交通运输企业盈利能力产生了正效应的结论。

综上所述，国内学者对营改增影响行业盈利能力的程度进行了大量的研究。从研究结果不难发现，营改增对不同行业企业盈利能力的影响有一定差异。同时，不同学者对同一行业的研究结果也有所不同。

6.2 研究理论分析

6.2.1 理论分析

对于税收成本的定义，有广义和狭义之分。狭义的税收成本仅指征税成本，而广义的税收成本定义不仅包括征税成本，还包括相应纳税成本以及课税负效应。征税成本仅是针对政府而言，衡量了政府在征税过程中导致企业产生的直接成本和间接成本。其中，直接成本的产生主体是税务部门，间接成本产生的主体是其他相关部门。广义税收成本主要针对纳税人而言，税收成本构成纳税人的纳税成本，包括纳税人履行纳税义务发生的相关费用。课税负效应包含营业税与增值税并行时产生的双重课税、增值税适用范围小造成的资源配置不合理、社会分工不细化等问题。

有理论认为企业的税收成本是企业的一种税收负担，也有一些理论把企业的税收成本定义为企业在日常经营活动中履行纳税义务而产生的费用。同时，也出现了更为狭义的解释，即仅仅将企业税收成本视为企业在一定时期内缴纳的全部税款。这些定义企业税收成本的理论，虽然定义的角度和范围有所差异，但是其相同点是将企业的税收成本视为企业在一定时期内产生的费用。简单来讲，企业纳税成本与会计报表中的费用同向变化，而会计报表中的费用与企业盈利能力变动方向相反。营业税的税负由企业承担，而增值税的税负会最终转嫁到最后的消费者身上。营改增之后，由于营业税和增值税对企业形成的税负不同，企业盈利能力也会有所改变。

6.2.2 营改增税负变动对企业盈利能力的影响

从政策角度而言，营业税税制下每个行业的征收制度和标准不同造成了行业之间实际税负的不同,这种情况显然违背了税收公平这一原则。由于营业税计税原理而产生的重复征税问题无法得到较好的解决,分工明细程度越高的企业承受更高的税负,这种情况与当前经济环境需求的企业之间分工明细的趋势相悖,阻碍了国家经济结构的调整,相比营业税,增值税的计税原理可以很大程度上避免此类问题的发生。由于进项税和销项税的存在,不仅完善了产业之间的链条,更有助于国家进行税务管理,减少偷税漏税的发生。两种税制之间的差异,反映出营改增对于财税体制改革的重要作用。

企业关注的重点主要是营改增前后企业实际税负的变动。就上海地区被纳入营改增范围的交通运输业而言,大部分企业的税负有所降低。但由于不同行业的主营业务、资本结构不同,且所适用的营业税税率和增值税税率也不同,因此营改增后各行业税负的变化情况需要分别研究。

6.2.3 营改增抵扣效应对企业盈利能力的影响

6.2.3.1 购进材料和对外服务抵扣效应对企业盈利能力的影响

增值税顾名思义是对"增值额"征税,主要依赖于抵扣制原则。也就是所有的企业均在抵扣链条中,下游企业在购买上游企业的货物或劳务时,不但支付了货款,还支付了增值税的进项税额;而上游企业向下游企业销售货物或劳务时,上游企业不但收回了货款,还收回了增值税的销项税额。这样每个企业均可以用其收回来的增值税销项税额去扣减其支付的增值税进项额,而其中的正数的差额即为该企业所需缴纳的税款。事实上,缴纳的税款并非企业的实际增值税负担,其本质上只是收回来的税金大于支付出去的税金之间的差额。通过该制度,保障了增值税对最终消费者课税的中性原则。[①]

营改增后,对于对外提供服务和需要大量从外部购进材料的企业,由于这部分税额作为进项税可以被抵扣,其成本费用会降低,从而有助于企业盈利能力的提升。杜欢(2012)针对购进材料抵扣对企业盈利

---

① 李旭红:"国际环境下增值税的改革和选择",《中国财政》2018年第16期,第9—11页。

能力的影响进行了研究。由于企业向工人支付的薪酬不存在抵扣效应，其在核算企业购进材料总额时将企业向工人支付的薪酬从生产成本中予以扣除。如果一个企业大量购进材料进行加工生产，可拥有数额巨大的增值税进项税额。由于存在数额巨大的增值税进项税额，该企业的实际税负将会降低，提升企业盈利能力。研究结果表明，营改增前大量购进材料的企业，营改增后的实际税负出现降低，企业的盈利能力有所提升。樊其国（2013）针对部分交通运输企业在营改增后企业实际税负降低的情况进行了研究。他深入研究了这部分交通运输企业的成本，发现这些企业的盈利模式不同于其他交通运输企业主要依靠固定资产或者运输设备投资的盈利模式，其主要依靠人力劳动创造的价值获取收益，人力成本在总成本中占有很大的比重。而根据增值税抵扣机制，人力成本不能作为进项税额进行抵扣，因此在营改增后，这部分交通运输企业与之前相比并没有产生更多的进项税额。可抵扣进项税额没有增多，加之交通运输业由原先适用的3%的营业税变为11%的增值税，这两个因素共同作用导致了这部分交通运输企业在营改增后企业的实际税负不降反增，企业的盈利能力出现下降。

6.2.3.2　固定资产投抵扣效应对企业盈利能力的影响

从会计角度来看，企业对固定资产计提的折旧费用根据用途不同计入制造费用或管理费用。营改增后，由于固定资产抵扣效应，使需要归集到企业的制造费用或管理费用的折旧费用减少，从而增加了企业的利润，提高了企业的盈利能力。随着企业购进或者租赁的固定资产增多，企业会拥有更多的可抵扣进项税，从而增强企业的盈利能力。

6.3　变量选取与模型构建

6.3.1　研究假设

综合上述理论推理，本章提出总假设：建筑业营改增之后，企业的盈利能力将提高。总假设本身包含了两个子假设。

总假设 其他条件不变的情况下,营改增将提高企业盈利能力;

假设 6.1 在其他条件不变的情况下,两税税收负担率增加将阻碍企业的盈利能力提升;

假设 6.2 在其他条件不变的情况下,营改增将使两税税收负担率降低。

本章将通过实证的研究方法验证假设6.1。而假设6.2结合已有理论与建筑业企业测算结果,即在其他条件不变的情况下,营改增将使两税税收负担率减少,从而验证总假设。

6.3.2 样本选取

本章选取2008—2017年A股建筑业上市公司的财务数据作为样本进行实证分析。这些建筑业上市公司包含多种企业类型,均属于增值税一般纳税人,具有较强的代表性。样本企业的季度财务数据全部来源于Wind数据库。根据本章的研究目的,即研究营改增对建筑业企业盈利能力的影响,对样本以及相应的财务数据进行了处理,具体如下:

①ST和*ST等被标记的上市公司常出现财务状况异常,如企业利润为负值等,不具有代表性,因此将收集到的样本中的ST、*ST公司予以剔除。

②在财务状况正常的企业数据中,也会出现部分异常数据。异常数据的出现具有不确定性,不能反映企业正常的经营状况,在处理数据的过程中,需要剔除异常值。

③剔除财务数据在2009—2017年不完整的上市公司。

根据以上三种处理标准,研究所需的数据样本包括47家建筑业上市公司,具体明细如表6.1所示。

表 6.1　　　　　　　　公司名称及代码

序号	证券代码	证券简称
1	000961.SZ	中南建设
2	002051.SZ	中工国际
3	002060.SZ	粤水电

续表

序号	证券代码	证券简称
4	002062.SZ	宏润建设
5	002081.SZ	金螳螂
6	002135.SZ	东南网架
7	002140.SZ	东华科技
8	002307.SZ	北新路桥
9	002310.SZ	东方园林
10	002323.SZ	雅百特
11	002325.SZ	洪涛股份
12	002375.SZ	亚厦股份
13	002431.SZ	棕榈园林
14	002482.SZ	广田股份
15	002542.SZ	中化岩土
16	002586.SZ	围海股份
17	002620.SZ	瑞和股份
18	002628.SZ	成都路桥
19	002663.SZ	普邦园林
20	002713.SZ	东易日盛
21	002717.SZ	岭南园林
22	300055.SZ	万邦达
23	300117.SZ	嘉寓股份
24	300197.SZ	铁汉生态
25	300262.SZ	巴安水务
26	300355.SZ	蒙草抗旱
27	600039.SH	四川路桥
28	600068.SH	葛洲坝
29	600170.SH	上海建工
30	600248.SH	延长化建
31	600284.SH	浦东建设
32	600463.SH	空港股份
33	600491.SH	龙元建设
34	600496.SH	精工钢构
35	600502.SH	安徽水利

续表

序号	证券代码	证券简称
36	600512.SH	腾达建设
37	600528.SH	中铁二局
38	600545.SH	新疆城建
39	600820.SH	隧道股份
40	600846.SH	同济科技
41	600853.SH	龙建股份
42	601117.SH	中国化学
43	601186.SH	中国铁建
44	601390.SH	中国中铁
45	601668.SH	中国建筑
46	601800.SH	中国交建
47	601886.SH	江河创建

6.3.3 变量选择（见表6.2）

表6.2　　　　　　　　变量汇总情况

变量种类	英文简写	中文名称	变量计算
因变量	ROE	净资产收益率	ROE = 净利润/净资产
自变量	B	税收负担率	B =（增值税 + 营业税）/毛利润
控制变量	LEV	资本结构	LEV = 期初总负债/期初总资产
	SIZE	企业规模	SIZE = 企业员工总数的自然对数
	AGE	企业年龄	AGE = 企业成立年限的自然对数
	EFFI	总资产周转率	EFFI = 营业收入/年均总资产

6.3.3.1 因变量

企业的盈利能力主要指企业通过生产经营活动创造利润的能力。对于上市公司而言，可以理解为企业投入资本的增值能力。企业的盈利能力可以表现为企业利润率的高低，反映企业经营管理的绩效。能反映企业盈利能力的指标有很多，包括净资产收益率、营业利润率、每股收益、每股净资产等。本章选取净资产收益率反映企业的盈利能力，其原因有三个方面：第一，盈利能力主要指企业通过生产经营活动创造利润的能力，是一个相对指标。一方面来看，产生的利润要与投入的价值相匹配；另一方面，产生的利润要与投入要素的性质相匹配，包括资本、资产和负债要素。第二，股东权益最大化是企业财务管理追求的最终目标。在企业财务管理体系中，通常用净资产收益率衡量股东权益的变化程度，因此用净资产收益率衡量企业的盈利能力具备合理性与适用性。第三，净资产收益率能全面反映企业的经营状况和经营方式的盈利能力。企业经营状况包括在商品市场和金融市场的经营情况，经营方式获得的利润从本质上来说属于企业权益投资的报酬，净资产收益率可以合理反映企业权益投资的状况。因此，本章最终选用净资产收益率反映企业盈利能力。

6.3.3.2 自变量

两税税收负担率 =（增值税 + 营业税）/毛利润，简称税收负担率（B）。由于不同企业实现的毛利润水平有所不同，而毛利润又会影响企业缴纳的两税总额，因此本章选取两税税收负担率作为自变量，从而消除毛利润对两税总额的影响。

6.3.3.3 控制变量

对控制变量的选取，需要与因变量相联系。根据相关调查问卷统计结果，能对企业盈利能力产生影响的因素或指标具体有以下四个：

（1）资本结构（LEV）。资本结构用资产负债率表示，该指标表示公司总资产中有多少是通过负债筹集的，其能够合理反映企业资产负债的相对情况。企业外部投资者通常通过对标的企业的资产负债率评估对企业投资的风险大小。同时，结合企业的资产负债率，借助利润相关指标可以反映该企业的生产经营活动与权益投资、债务投资之间的关系。从投资者的角度来讲，目标企业的资产负债率越高，在财务杠杆作用的影响下债务投资的投资回报率越高，目标企业的投资价值越大。资产负债率揭示了一个企业偿还债务的能力，通常企业的偿债能力越强，盈利能力越强。

（2）总资产周转率（EFFI）。总资产周转率 = 营业收入/年均总资产。从会计角度来看,企业对固定资产计提的折旧费用应按照其用途归集为企业的制造费用或管理费用。营改增后,由于固定资产进项税的抵扣,使需要归集为企业的制造费用或管理费用的折旧费用减少,从而增加了企业的利润,提高了企业的盈利能力。企业新增固定资产投资比例越高,抵扣越充分,营改增对企业盈利能力的促进效应越大。而总资产周转率能较好地反映企业资产的利用效率,周转率越大,表明总资产周转越快,资产的利用效率越高。

(3) 企业规模(SIZE)。企业规模用企业员工总数的自然对数表示。由上述文献可知,根据增值税抵扣机制的规定,人力成本不能作为进项税额进行抵扣。部分主要依赖人力劳动创造价值获取收益的企业,即企业人力成本在总成本中占有很大比重的企业,在营改增后盈利能力有所降低。企业人力成本与企业员工总数之间有着密切的联系,因此将企业规模作为研究的控制变量之一,并对企业员工总数进行了对数化处理。

(4) 企业年龄(AGE)。企业年龄用企业成立年限的自然对数表示。企业根据自身需求可能需要外购或租赁设备、厂房或材料,但这方面支出在营改增前不能被抵扣。但营改增之后,这一部分进项税额可以被抵扣。对于那些设备需求量较大的初创型和成长期企业来说,这一部分进项税抵扣能够在很大程度上减轻企业的税收负担,提高企业的盈利能力。由此可以看出,企业所处的生命周期可以对企业营改增后的盈利能力产生影响,通过企业年龄能够较为准确地判断企业是处于初创期还是成熟期。根据企业年龄与净资产收益率之间的关系,我们将企业年龄作为控制变量进行研究。

6.4 模型建立

本章样本中的数据属于动态面板数据,在处理这种类型的数据时,有必要建立固定效应模型。为了检验本章中的假设,建立如下模型:

$$ROE = \alpha\beta_{it} + \beta_1 LEV_{it} + \beta_2 AGE_{it} + \beta_3 SIZE_{it} + \beta_4 EFFI_{it} + \varepsilon_{it} \qquad (6.1)$$

其中，i 表示第 i 家上市公司；t 表示年份；ε_{it} 表示随机扰动项，代表模型中尚未选入的其他影响变量。模型以建筑业企业的财务数据为分析对象，其估计结果分析了营改增后样本企业盈利能力的变化情况。

6.5 实证结果与分析

6.5.1 描述性统计分析

本章运用 EViews10.0 对主要变量进行描述性统计分析，总样本的描述性统计结果如表 6.3 所示。

表 6.3　　　　　　　　描述性统计分析

	盈利能力 ROE（%）	税收负担率 B	资产周转率 EFFI	企业规模 lnSIZE	企业年龄 lnAGE	资产负债率 DEBT
均值	12.963180	11.288510	0.788305	8.044880	2.662528	64.281280
中值	11.294800	9.518752	0.709700	7.924796	2.772589	67.619600
最大值	61.148800	72.762830	2.747600	12.593920	3.465736	92.216800
最小值	-11.626800	-6.569001	0.076500	4.691348	0.000000	4.691800
标准差	9.324911	10.512500	0.410171	1.795688	0.471857	17.500110
偏度	1.537580	1.907161	1.149846	0.797906	-1.732477	-1.110887
峰度	6.684696	8.427820	4.772598	3.313319	8.032253	4.141543
Jarque-Bera 值	402.128100	768.346000	147.185700	46.173510	651.710300	108.929600
P 值	0.000000	0.000000	0.000000	0.000000	0.000000	0.000000
总和	5 431.573	4 729.886	330.300	3 370.805	1 115.599	26 933.860
平方和	36 346.75000	46 194.28000	70.32440	1 347.83900	93.06713	128 014.10000
样本数量（个）	419	419	419	419	419	419
截面数量	47	47	47	47	47	47

（1）盈利能力、税收负担率、资产周转率、企业规模、企业年龄、资产负债率的均值为分别为 12.9632、11.2885、0.7883、8.0449、

2.6625、64.2813,而中位数分别为 11.2948、9.5188、0.7907、7.9248、2.7726、67.6196,在误差允许范围内两者之间的差距不大,可以认为样本数据基本服从正态分布。

(2) 盈利能力、税收负担率、资产周转率、企业规模、企业年龄、资产负债率的最小值分别为 -11.6268、-6.5690、0.0765、4.6913、0.0000、4.6918,最大值分别为 61.1488、72.7628、2.7476、12.5939、3.4657、92.2168,极差较大。

(3) 盈利能力、税收负担率、资产周转率、企业规模、企业年龄、资产负债率的偏度分别为 1.5376、1.9072、1.1498、0.7979、-1.7325、-1.1109,其中盈利能力、税收负担率、资产周转率、企业规模的偏度均为正值,则表示与标准正态分布相比,其峰偏向样本较小数值;而企业年龄和资产负债率两者的偏度均为负值,则表示与标准正态分布相比,其峰偏向样本较大数值。

6.5.2 相关性分析

变量之间的相关程度如表 6.4 所示。

表 6.4　　　　　　　　　变量相关性

	税收负担率 (B)	资产周转率 (EFFI)	企业规模 (lnSIZE)	企业年龄 (lnAGE)	资产负债率 (DEBT)
税收负担率 (B)	1.0000				
资产周转率 (EFFI)	-0.2189	1.0000			
企业规模 (lnSIZE)	0.1324	-0.4898	1.0000		
企业年龄 (lnAGE)	-0.0358	-0.3639	0.4110	1.0000	
资产负债率 (DEBT)	-0.0583	-0.1103	-0.4337	-0.1115	1.0000

税收负担率、资产周转率、企业规模、企业年龄、资产负债率等变量两两之间相关性不大。其中,变量资产周转率和企业规模的相关性最大,相关性系数绝对值为 0.4898,小于 0.5;变量资产负债率和企业规模的相关性系数绝对值为 0.4337,小于 0.5;变量企业年龄和企业规模的相关性系数为 0.4110,小于 0.5;变量企业年龄和资产周转率的相关

性系数绝对值为 0.3639，小于 0.5；其他变量之间相关系数较小。因此，说明变量之间不存在强相关的现象，可以放入回归模型。

6.5.3 回归分析

6.5.3.1 Hausman 检验

在计量分析中常用 Hausman 检验判定固定效应模型和随机效应模型两者哪个更有效，其中原假设和备择假设分别如下：

原假设 不可观测效应与自变量是不相关的，应采用随机效应模型估计；

备择假设 不可观测效应与自变量是相关的，应采用固定效应模型估计。

利用 EViews10.0 软件对模型二进行 Hausman 检验结果如表 6.5 所示。

表 6.5　　　　　　　模型 Hausman 检验结果

检验总结	χ^2 统计量	自由度	P 值
时间随机性	13.487838	5	0.0192

检验结果显示 P 值在 0.1 的显著性水平上拒绝原假设，选择固定效应回归模型。综合似然比检验与 Hausman 检验结果，本章将模型确定为固定效应回归模型。

6.5.3.2 回归分析

如表 6.6 所示，F 统计量的 P 值在 1% 的显著性水平上拒绝原假设，即列入模型的各自变量联合起来对因变量有显著影响。分析各回归参数的 t 检验结果，税收负担率（B）、企业规模（lnSIZE）、企业年龄（lnAGE）和资产负债率（DEBT）均在 0.1 的显著性水平上拒绝原假设，即各自变量在其他自变量不变时，分别对因变量有显著影响。针对各自变量的统计推断和经济意义的分析如下：

（1）税收负担率（B）。税收负担率的参数估计值为 -0.1374，说明在其他变量不变的情况下,税收负担率每提高1个百分点,企业的净资产收益率将减少0.1374,税收负担率与企业盈利能力之间存在负相关关系。证明了税收负担率提高对建筑业企业盈利能力具有阻碍作用,且在1%的水平上显著。

(2)企业规模(lnSIZE)。企业规模的参数估计值为-0.6292,说明在其他变量不变的情况下,企业规模每增长1%,企业的净资产收益率将减少0.6292,企业规模与企业盈利能力之间存在负相关关系,且在5%的水平上显著。

(3)企业年龄(lnAGE)。企业年龄的参数估计值为-1.6033,说明在其他变量不变的情况下,企业年龄每提高1%,企业的净资产收益率将减少1.6033,企业年龄与企业盈利能力之间存在负相关关系,且在5%的水平上显著。

(4)资产负债率(DEBT)。资产负债率的参数估计值为9.6081,说明在其他变量不变的情况下,资产负债率每提高1个百分点,企业的净资产收益率将增加9.6081,资产负债率与企业盈利能力之间存在正相关关系,且在1%的水平上显著。

表6.6 回归分析

	系数	标准差	t统计量	P值
常数	15.6361	2.7850	5.6144	0.0000
税收负担率(B)	-0.1374	0.0211	-6.5235	0.0000
资产周转率(EFFI)	0.0099	0.0241	0.4108	0.6815
企业规模(lnSIZE)	-0.6292	0.2541	-2.4762	0.0137
企业年龄(lnAGE)	-1.6033	0.6669	-2.4041	0.0167
资产负债率(DEBT)	9.6081	0.9702	9.9033	0.0000
效应识别				
R^2	0.50188	调整R方	0.432659	
F统计量	7.250387	P值	0.000000	

6.6 研究结论

本章在对以往文献和研究成果进行归纳和综合的基础上，以营改增对企业盈利能力的影响为着眼点，从营改增税负变动检验营改增对企业盈利能力的影响。本章以我国2009—2017年47家上市公司为样本进行了实证研究，根据对参数的检验和回归结果的分析，证实了本章提出的研究理论。通过固定效应模型解释了各个变量与企业盈利能力之间的关系：

（1）税收负担率。本章通过实证的结果证实假设6.1成立，即在其他条件不变的情况下，两税税收负担率增加将阻碍企业盈利能力的提高。本章从理论的角度对假设6.2的成立进行分析，营改增旨在通过打通增值税抵扣链条实现进项税额抵扣而降低企业税负，如果对两税税收负担率的变化进行长期预测，预计得出的结果将是两税税收负担率降低，企业盈利能力提高，从而验证了本章总假设。

（2）资产周转率。从会计角度来看，企业对固定资产计提的折旧费用应按照其用途归集为企业的制造费用或管理费用。营改增后，由于固定资产进项税的抵扣，使需要归集为企业的制造费用或管理费用的折旧费用减少，从而增加了企业的利润，提高了企业的盈利能力。企业新增固定资产投资比例越高，抵扣越充分，营改增对企业盈利能力的促进效应越大。总资产周转率能较好地反映企业资产的利用效率，周转率越大，表明总资产周转越快。新增固定资产包含于总资产，因此从一定程度上而言，总资产周转率的提高有助于增强企业的盈利能力。

（3）企业规模。根据增值税抵扣机制，人力成本不能作为增值税进项税额进行抵扣。那些主要依赖人力劳动创造价值获取收益的企业，即企业中人力成本在总成本中占有很大比重的企业，营改增后的盈利能力都有所降低。企业人力成本与企业员工总数之间有着密切的联系，企业规模扩大，将会降低企业盈利能力。

（4）企业年龄。企业根据自身的需求需要外购或租赁设备、厂房或材料,但这方面支出形成的增值税进项税额不能被企业抵扣,但营改增之后,这部分进项税额可以被抵扣。对于那些设备需求量较大的初创型和成长期企业来说,这一部分进项税的抵扣能够在很大程度上减轻企业的税收负担,从而提高企业的盈利能力。由此可以看出,企业所处的生命周期可以对营改增后企业的盈利能力造成影响。建筑业上市公司大都处于成熟期,企业年龄越大,企业盈利能力越低。

第 7 章
政策建议及研究的局限性

7.1 政策建议

基于本书的研究结论,本章分别从建筑业企业与政府部门两个角度提出应对建筑业营改增政策的几点建议。

7.1.1 建筑业企业角度

建筑业营改增后,企业会面临税负加重、增值税专用发票难以取得、纳税地点与税收归属难以确定、财务核算难度增大等各种问题。因此,企业应做好充分准备,积极应对这些问题,尽快适应税改的变化。

(1) 积极学习营改增政策,适应税改需求。与营业税相对简单的账务处理、会计核算相比,增值税账务处理较为复杂,营改增对建筑业企业财务管理提出了更高的要求。建筑业企业应结合本企业实际情况对相关管理人员、财务人员进行相关政策培训,及时调整会计科目、了解营改增实操过程。企业应敦促员工学习税改新知识,充分认识两种税收制度间的异同,尽快适应政策变化,提高工作效率,降低税务成本,为建筑业更好发展做出努力。同时,营改增后,建筑业采用增值税专用发票抵扣制度,发票管理问题将会贯穿到企业生产、经营、销售等各个环节,发票的认证、流转、保存等都需要对企业员工进行培训。

首先,在流程上,应实现专人管税,定期汇报梳理。"金税三期"系统对于增值税的管理更加严格,发票的取得、认证对企业税收有极为重要的影响,因此应在企业内部实行专人专管,专门招聘具有税收学科背景或者税收管理经验的人才,对于企业的发票进行管理,使税收管理专业化、专人专管,从而降低由于对流程或政策不熟悉而引发的税收风险;其次,在管理过程中,应该定期汇报,业务部门和财务部门一同商讨合同细节,从源头控制合同税收风险;最后,在发票管理上,要及时认证、申报,虽然可能对企业整体利润的平稳性产生影响,但是一旦发票未及时认证,企业进项税额便不能及时抵扣,造成多交增值税的结果,占用企业的资金流。

(2) 重视供应商的选择。营改增后,建筑业企业按照销项税额与进项税额的差额缴纳增值税,进项税能否充足抵扣将影响企业税负的高低,而进项税额与供应商的选择直接相关。为了降低企业税负,建筑业在签订承包合同选择供应商时,应尽量选择财务核算健全的一般纳税人企业以获取增值税专用发票,在采购时避免从小规模纳税人零星采购,注重进项税额的获取,降低企业税负。同时,由于建筑工程涉及金额较大,建筑业企业在进项工程分包时,应选择具有相应资质的单位,从而保证增值税专用发票所列金额准予抵扣。

在完成与企业有业务往来的供应商纳税人身份的梳理后,可以帮助企业实现以下目标:在完成初步的供应商筛选工作的基础上,对合格供应商目录进一步补充并完善;完善成本测算,通过对前期已完工项目的测算工作,以及预选材料供应商的身份(适用税率或征收率)梳理,可以更好地为企业成本管理提供决策依据。梳理物资供应商应注意其纳税人身份的判定,按照增值税一般纳税人和小规模纳税人的纳税身份进行确认,在此基础上进一步对小规模纳税人的供应商企业、个体工商户和其他个人进行区分,另外,对目前供应商的结算方式进行梳理,主要包括以下内容:是否签订采购合同,合同是否对价款的结算时间方式有明确规定,明确发票出具时间、类型与物资供应相匹配的税率等。

(3) 加强税收筹划,降低企业税负。由于营业税征税机制较为简单,建筑业适用营业税时,企业税收筹划无须考虑过多问题。而营改增后,增值税复杂的征税机制存在一定的可操作性,为建筑业企业提供了税收筹划空间。决定企业税负高低的关键因素是企业能够取得的可抵扣的进项税额。因此，建筑业企业需要以进项税额为切入点进行税收筹划，通过增加可抵扣进项税的金额，减少难以获得抵扣的其他成本，达到降低企业税负的目的。企业需要用合适的方式对固定资产、原材料投资进行税收筹划。同时，企业应充分了解营改增过渡时期政府优惠政策及财政扶持政策，努力争取享受到优惠政策以降低企业税负。

（4）建立增值税预算体制。对于企业而言，把控税收风险应该从源头做起，需要建立增值税预算制度，使进项、销项税额可控。所谓增值税预算，是根据已签订的合同时点在当月预测下月的收入，提早准备，取得相应的进项税额，从而降低企业的应纳税额。因为和供应商往往是长期合作的，可以通过与供应商分段备货、发货的形式控制自己的进项税额的取得，从而控制税收风险。

（5）建立集团税控一体化制度。建筑业企业往往是以集团形式存在的，集团可能是特级资质主体，其下还有一级资质、二级资质主体，以及分公司、子公司等不同形式的主体。对于集团来说，如果引进集团税控一体化软件或系统，就意味着将各自为战的主体联系在一起，从劳务发生地预缴增值税，在返回机构所在地申报时就可以从源头查询；同时，也可以在一定程度上解决资质的问题，合同与开票主体可以通过集团进行统一运作，开票主体能够很快确定并记录进系统，在未来与上下游企业发生任何问题时都能有所依据；再者，集团税控一体化制度可以使集团的税负得到一定控制，在税收筹划上也具有重要的意义，可以通过反馈各地区、各项目公司的税负情况查找筹划点和风险点，把控企业的税收风险。

7.1.2 政府部门角度

面对营改增为建筑业企业带来的一系列问题，政府部门应同建筑业企业一同努力，确保税改政策顺利实施，让企业真正获益。

（1）出台建筑业针对性政策。基于前文的分析，营改增后建筑业企业税负升高会使企业对营改增政策产生抵触心理。针对该问题，政府部门应当进行充分调研，充分了解建筑业面对税改政策的真实需求，并以此制定相关政策，对税负加重的企业给予财政支持，如开放固定资产抵扣限制、针对借款利息费用等间接成本制定适当的抵扣政策等，以确保营改增政策的顺利实施。同时，为了使建筑业企业真切感受到税改带来的益处，政府部门可以对建筑业实行增值税与营业税制度的异同进行梳理，针对实际操作中出现的问题对建筑业相关优惠政策进行修正。政府部门可制定相应的过渡性扶持政策，如设立专项资金、降低财政补贴标准、采用优惠税率等，确保建筑业企业能够平稳地从营业税过渡到增值税，将税改带来的负面影响降到最低。

（2）完善增值税专用发票管理制度。建筑业营改增后企业税负加重的一个主要原因是我国增值税发票管理较为混乱，很多情况下建筑业企业难以获得增值税专用发票，导致进项税额无法足额抵扣。营改增后，建筑业企业按照增值税制度纳税，进项税额凭增值税专用发票抵扣，建筑业成本中占较大份额的原材料成本能否取得增值税专用发票，将直接影响企业税负的高低，而建筑工程从承包商、分包商等获得有效发票的难度较大。因此，随着建筑业营改增的深化，增值税专用发票管理制度也要与时俱进、不断完善。

7.2 研究的局限性及展望

本书选取的题材和视角较有价值，然而不可否认的客观因素是样本数据的局限性和研究者在理论知识上尚有提升的余地，因而使研究本身存在着一定的提升空间。

（1）样本数据的局限性。本书所选样本为在沪深上市的建筑公司，由于建筑行业上市公司数量有限，使得样本大小受限，从而削弱了研究结果的普遍性，不能完全反映我国建筑业企业税收改革的效果。同时，本书研究样本中缺乏中小建筑业企业，因此建议后续的研究可以选择较多样本进行关于建筑业营改增效应的实证研究，从而得到更为普适的结论。

（2）建筑业营改增评价指标的局限性。衡量建筑业营改增评价指标较难量化，本书根据营改增前后主要变化选取了比较直观的指标，选择了流转税税额作为建筑业营改增评价指标，但影响企业的因素是多方面的，在后续研究中，应当从不同角度考虑影响因素，尝试增加更多的自变量，全面探究建筑业营改增对企业的影响程度，从而得到更加客观的研究结论。

参考文献

[1] Richard M. Bird, Pierre – Pascal Gendron, The VAT in Developing and Transitional Countries, New York: Cambridge University Press, 2007.

[2] Porter, ME. On Competition (Edition: 2) [M]. Harvard Business Press, 2008.

[3] Aneel Karnani, Equilibrium market share – a measure of competitive strength [J]. Strategic Management, 1982, (2): 43 – 51.

[4] John Kay, Mervyn King. The British Tax System [J]. Journal of Economic Literature, 1979, 9.

[5] Michael Keen and Ben Lockwood. The value added tax: Its causes and consequences [J]. Journal of Development Economics, 2010 (9): 138 – 151.

[6] Jenkins G. P, Kuo C. Y. A vsat revenue simulatiom model for tax reform in developing countries [J]. World Development, 2000 (4): 763 – 774.

[7] B Venet, Hurlin C. Granger Causality Tests in Panel Data Models with Fixed Coecients [J]. Document De Recherche Leo, 2001.

[8] Tuan MinhLe. Estimating the VAT Base: Method and Application [J]. Tax Notes Interaational, 2007 (9): 142 – 147.

[9] Prahalad C. K, Hamel. G. The Core Competence of the Corporation [J]. Harvard Business Review, 1990 (66): 79 – 90.

[10] 爱伦·A. 泰特：《增值税——国际实践和问题》，中国财政经济出版社1992年版。

[11] 迈克尔·波特：《国家竞争优势》，华夏出版社1997年版。

[12] 金碚："企业竞争力测评的理论与方法"，《中国工业经济》2003年第1期，第5—13页。

[13] 金碚：《中国企业竞争力报告》，社会科学文献出版社2003

［14］刘忠敏、毛智贤："企业竞争力评价指标体系的构建"，《中国商论》2011 年第 35 期，第 247—248 页。

［15］达摩达尔·N. 古扎拉蒂：《计量经济学基础（下册）》，中国人民大学出版社 2011 年版。

［16］蒋明、舒辉、林晓伟："营改增对交运企业财务绩效的影响"，《中国流通经济》2015 年第 3 期，第 68—77 页。

［17］刘若鸿、史燕平："新一轮增值税扩围对融资租赁出租人的影响——2012 年上海市试点营业税改增值税的政策分析"，《会计之友》2012 年第 6 期，第 56—57 页。

［18］姜欢、刘建军、张冰玉："增值税扩围对物流业发展影响的实证分析"，《财税金融》2011 年第 3 期，第 83—84 页。

［19］胡大立：《企业竞争力决定因素及其形成机理分析》，北京经济管理出版社 2005 年版。

［20］万建国、韩菁："建筑业营改增问题分析"，《财会月刊》2013 年第 4 期，第 45—47 页。

［21］汪士和："基于制度层面的建筑业营改增困境分析"，《建筑经济》2013 年第 7 期，第 5—7 页。

［22］于艳芹："对建筑业营业税改征增值税的现实研究"，《财经界》2011 年第 5 期，第 225—226 页。

［23］戴国华："建筑业营业税改征增值税对企业影响的思考"，《财务与会计》2012 年第 5 期，第 41—44 页。

［24］王丽娜、孙勇："增值税征收范围选择及预期效应分析"，《金融会计》2012 年第 1 期，第 49—55 页。

［25］郑坚："基于税负角度的建筑业营改增影响分析"，《新经济》2016 年第 3 期，第 138—139 页。

［26］路宪文："谈建筑行业营改增的必要性"，《企业研究》2013 年第 2 期，第 171 页。

［27］王星："我国建筑业企业竞争力现状分析及对策研究"，《中国市场》2008 年第 27 期，第 80—81 页。

［28］蔡晶晶："企业社会责任与竞争力关系实证研究"，南京林业

大学，2013年。

[29] 田志伟、胡怡建："营改增对各行业税负影响的动态研究——基于CGE模型的分析"，《财经论丛》2013年第4期，第29—34页。

[30] 姜秀峰："营改增对施工企业财务工程的影响"，《会计之友》2013年第26期，第82—83页。

[31] 禹奎、陈小芳："我国建筑业营改增的税率选择与征管"，《税务研究》2014年第12期，第31—35页。

[32] 张静秋："中国建筑业企业竞争力评价研究"，西南交通大学，2007年。

[33] 薄湘平、易银飞："国内外企业竞争力研究综述"，《商业研究》2007年第12期，第11—16页。

[34] 李卫东："企业竞争力评价理论与方法研究"，北京交通大学，2007年。

[35] 潘文轩："增值税扩围改革有助于减轻服务业税负吗？——基于投入产出表的分析"，《上海经济研究》2012年第4期，第115—120页。

[36] 陈强："营业税改征增值税对建筑业工程项目的影响研究"，吉林大学，2013年。

[37] 聂辉华、方明月、李涛："增值税转型对企业行为和绩效的影响"，《管理世界》2009年第5期，第17—24页。

[38] 徐阿水："'营改增'对上市公司利润影响的实证研究"，《西南农业大学学报》2013年第3期，第21—22页。

[39] 张丹丹："建筑施工企业营改增财务影响研究——以A建筑施工企业为例"，首都经济贸易大学，2014年。

[40] 唐云慧、许纪校："'营改增'对建筑业企业财务影响的预测——以山东路桥为例"，《财会月刊》2015年第3期，第58—60页。

[41] 熊红玉、梁萍："建筑业'营改增'后的税负影响及其应对策略分析"，《会计之友》2014年第17期，第103—105页。

[42] 刘爱明、俞秀英："'营改增'对建筑业企业税负及盈利水平的影响"，《财会月刊》2015年第1期，第15—18页。

［43］何书灵："中建七局安装工程有限公司'营改增'：税负的研究"，辽宁大学，2014年。

［44］鲁盛潭、彭景颂："营业税改增值税对上市公司绩效的影响——以上海交通运输业为例"，《税收与税务》2012年第24期，第55—56页。

［45］杨瑞金："企业社会责任对企业竞争力影响的实证研究"，安徽财经大学，2014年。

［46］郑立鲍："企业竞争力理论研究综述"，《经济理论》2010年第4期，第15—17页。

［47］范晓屏："关于企业竞争力内涵与构成的探讨"，《浙江大学学报》1999年第6期，第9—21页。

［48］赵连伟："增值税的企业成长效应研究"，《财政税收》2015年第7期，第20—27页。

［49］袁家新、程龙生："企业竞争力及其评价"，《统计与决策》2003年第5期，第38—39页。

［50］宋超："企业社会责任与竞争力关系的实证研究"，大连理工大学，2009年。

［51］中国注册会计师协会：《税法》，经济科学出版社2015年版。

［52］张旭、宋超、张亚玲："企业社会责任与竞争力关系的实证分析"，《科研管理》2010年第3期，第149—157页。

［53］赵慧、齐鲁光："营业税改征增值税对建筑业企业经营业绩的影响探讨"，《商业经济》2013年第23期，第44—46页。

［54］庄平、李延喜："管理者过度自信对企业风险的影响——基于面板数据的Granger因果关系检验"，《技术经济》2011年第7期，第103—107页。

［55］王薇茜："建筑业企业实施'营改增'的应对策略"，《财务审计》2016年第3期，第137—138页。